Carl Schurz

edition paulskirche

Bibliothek der frühen Demokratinnen und Demokraten

Herausgegeben von: Jörg Bong, Ina Hartwig, Helge Malchow, Nils Minkmar, Walid Nakschbandi und Marina Weisband

Idee und Konzeption: Jörg Bong
Editorische und redaktionelle Leitung: Rüdiger Dammann
Gestaltung: Kurt Blank-Markard

In Kooperation mit:

Stadt Frankfurt am Main

Carl Schurz

Demokratie heißt: Frieden und Versöhnung überall

Mit einem Vorwort von Uwe Timm

1. Auflage 2024

Satz: Kurt Blank-Markard
Cover: Carl Schurz als Bonner Student,
© Medienzentrum Kreis Euskirchen
Gesetzt aus der Adobe Jenson Pro
Druck und Bindung: CPI books GmbH, Leck

ISBN 978-3-462-50015-8

MARK TWAINS »LOTSENBRUDER«

Vorwort von Uwe Timm

In Berlin gibt es neun Bismarck-Denkmäler – an Carl Schurz erinnert keins. Wie wäre die deutsche Geschichte verlaufen, wenn es umgekehrt wäre? Wenn Carl Schurz Kanzler des Deutschen Reichs geworden wäre, wenn es keine Einigung Deutschlands durch Kriege gegeben hätte, und, daraus folgend, kein Primat des Militärs und des Adels, sondern eine demokratisch-bürgerliche Verfassung mit einer konstitutionellen Monarchie? Wenn die revolutionäre Bewegung von 1848 ihr Ziel eines demokratischen Deutschlands erreicht hätte?

Man kann sagen, die Zeit war dafür nicht reif. Aber einige ihrer Protagonisten waren es, zu ihnen, den revolutionären Demokraten, gehörte Carl Schurz. Sein Denkmal steht heute in New York, imposant und ästhetisch weit beeindruckender als die Statue vom uniformierten Bismarck, der mit Pickelhaube an der Siegessäule wacht. Der New Yorker Schurz am Morningside Drive trägt Anzug und Mantel und hält als Senator und Innenminister der Vereinigten Staaten ganz zivil einen Hut in der Hand. Und das, obwohl Schurz im amerikanischen Bürgerkrieg General der Unionsarmee gewesen ist und in Schlachten wie Bull Run, Gettysburg und Chattanooga eine Freiwilligen-Division gegen die Sklavenhalter-Gesellschaft der Südstaaten geführt hat.

Am Anfang eines abenteuerlichen Lebens steht der Student, der aus bürgerlichen, aber prekären Verhältnissen kommt; der Vater, ein Ladenbesitzer, musste nach einem Konkurs ins Schuldgefängnis. Der junge Carl Schurz erreicht auf Umwegen die Hochschulreife, studiert in Bonn, interessiert sich für die Französische Revolution und will ihre Leitbegriffe – Freiheit, Gleichheit und Brüderlichkeit – auch in Deutschland heimisch machen. Er schreibt und agitiert, fordert die Pressefreiheit, das allgemeine Wahlrecht (noch sind die Frauen wie selbstverständlich davon ausgenommen), und er strebt die Einheit des in Fürstentümer und Hansestädte zersplitterten Deutschlands an. Ein langhaariger, schlaksiger junger Mann, der sich, beeinflusst durch seinen Professor und späteren Freund Gottfried Kinkel, an der Bonner Universität radikalisiert, der in einem lebendigen Deutsch Artikel und Aufrufe schreibt, der aufrüttelnd in der Öffentlichkeit reden kann, dem es gelingt, für ein paar Tage Bonn in republikanische Selbstverwaltung zu bringen, der einen bewaffneten Marsch nach Siegburg unternimmt, mit dem Ziel, das dortige Zeughaus zu stürmen und die darin gelagerten Waffen zu erbeuten. Preußische Husaren zersprengen den Aufmarsch der Revolutionäre.

Carl Schurz geht 1849 nach Baden, wo sich die Aufständischen versammeln, entschlossen, die in der Frankfurt Paulskirche beschlossene Reichsverfassung gegen die preußische Intervention durchzusetzen. Er kämpft als Oberleutnant in der Pfälzischen Volkswehr, die mit anderen Aufständischen in der Festung Rastatt von den Preußischen Truppen eingeschlossen wird. Nach dreiwöchiger Belagerung kapituliert die Festung. Neunzehn Aufständische werden sofort erschossen. Carl Schurz gelingt es mit einem Kameraden, durch einen Abwasserkanal zu entkommen, und kann sich nach Frankreich und von dort in die Schweiz durchschlagen.

All das ist nicht dem Hunger nach Abenteuer geschuldet, sondern entspringt dem entschlossenen Ernst seiner freiheitlichen Gesinnung, zu der das Ideal der Brüderlichkeit, also die Solidarität gehört. Sein Freund, Gottfried Kinkel, wird in Rastatt gefangen genommen und zu lebenslanger Festungshaft verurteilt. Auf Befehl des *Kartätschenprinzen* Wilhelm, dem späteren Kaiser Wilhelm I., wird dieses Urteil in eine unehrenhafte Zuchthausstrafe umgewandelt. Mit einer staunenswerten Sorgfalt und Energie plant Schurz die Befreiung des Freundes aus dem Zuchthaus in Spandau, reist unter falschen Namen durch Deutschland, sammelt Geld ein, besticht einen Gefängniswärter, legt den Fluchtweg aus Preußen fest, und steckt sich am Abend, die Wärter feiern in einem nahen Gasthof, ein Jagdmesser in den Gürtel und ein Paar Pistolen in die Tasche. Schurz beschreibt in seinen *Lebenserinnerungen*, wie sich Kinkel über das Zuchthausdach abseilt, Ziegel fallen krachend auf die nächtliche Straße, wo die Kutsche wartet und Kinkel und Schurz nach Rostock bringen wird. Von dort segeln die Freunde nach England: Das Leben im Exil beginnt. Schurz schreibt Artikel, hält Kontakt zu anderen Revolutionären, darunter, im Streit, mit Karl Marx. Im Jahr 1852 heiratet er in London Margarethe Meyer, eine politisch denkende und handelnde Frau. Viele der 48-Revolutionäre waren, das ist kennzeichnend, mit selbstständigen, sozial engagierten Frauen verbunden. Im selben Jahr wandert Schurz in die USA aus, wo Margarethe später die Kindergarten-Bewegung gründen wird.

Musste die Revolution von 1848 scheitern? Carl Schurz sieht die Gründe in der Zerstrittenheit der in der Frankfurter Paulskirche versammelten Abgeordneten. Schurz betont deren beste Absichten und das hohe Niveau der Diskussionen, kritisiert aber, wie sie sich in langen Debatten über Nebensächlichkeiten verloren und in Eigensinn und Eitelkeiten verharrten.

Tatsächlich gab es objektive Gründe, die in den divergierenden Positionen der konservativen, liberalen, demokratischen und republikanischen Abgeordneten lagen, die zudem noch verschiedene regionale Interessen vertraten. Darüber hinaus spielten die konfessionellen Unterschiede zwischen dem überwiegend evangelischen Norden und dem katholischen Süden eine Rolle. Wahrscheinlich trifft zu, was der Historikers Heinrich August Winkler vermutet, zugleich die Einheit und Freiheit in Deutschland herzustellen, war historisch eine Überforderung der deutschen Liberalen.

1868 treffen der inzwischen bekannte amerikanische Staatsbürger Carl Schurz und Otto von Bismarck in Berlin zusammen. Schurz hat diese Situation in seinen *Lebenserinnerungen,* wie auch das erste Treffen mit Lincoln, beschrieben. Zwei Welten, zwei Gegensätze, auch im Äußeren, hier der Monarchist in der preußischen, wenn auch aufgeknöpften Generalsuniform, und dort der schlichte, in einen zerknitterten Mantel gekleidete Abraham Lincoln im Dritter-Klasse-Zugabteil. Man würde sich wünschen, dass solche Beschreibungen in den Unterricht der Schulen aufgenommen würden, als verdichtete mentalitätsgeschichtliche Situationen, aber auch wegen des vorbildlichen Stils, in dem sie erzählt werden. Carl Schurz schreibt ein verbales, wortgenaues, syntaktisch bewegliches Deutsch, das von dem grimmigen Sprachkritiker Karl Kraus hoch gelobt und zitiert wurde.

1865 nimmt Carl Schurz seinen Abschied aus dem aktiven Dienst in der US-Armee, gründet eine Zeitung und engagiert sich in der Republikanischen Partei. Er wird 1869 Senator von Missouri und 1877, unter dem Präsidenten Rutherford B. Hayes, Innenminister der Vereinigten Staaten. In dieser Funktion entzieht er dem Militär die Zuständigkeit für die indigene Bevölkerung und unterstellt diese der zivilen Verwaltung. Zugleich setzt er sich für deren schulische Bildung ein. Damals wurde er von den Siedlern als »Indianerfreund« diffamiert, heute wird sein von der europäischen Aufklärung geleitetes Erziehungsprogramm von postkolonialen Kritikern als Zerstörung indigener Kultur – verständlich, aber zuweilen recht unhistorisch – in Frage gestellt.

Dieser unbestechliche Demokrat bekämpft nach seiner Amtszeit die Korruption in der republikanischen Partei und wendet sich später gegen die imperialistische Politik Theodore Roosevelts, die auf Kuba und Asien ausgerichtet ist. Er bleibt, liest man seine *Lebenserinnerungen*, ein genauer, auch selbstkritischer Beobachter der politischen Entwicklung Amerikas, der beides schreibend zusammenführt: die zeitgeschichtlichen Ereignisse mit deren Ursachen sowie die Besonderheit der jeweiligen handelnden Personen. Ein unangepasster Denker und Handelnder, der seinem Gewissen und der Überzeugung verpflichtet bleibt, dass Frieden und Freiheit allein in einer demokratischen Gesellschaft verwirklicht und gesichert werden können – in der Alten wie in der Neuen Welt.

Carl Schurz stirbt am 14. Mai 1906 in New York. Sein Freund Mark Twain lobt in einem Nachruf *die unbefleckte Ehrenhaftigkeit, seinen unangreifbaren Patriotismus, seine hohe Intelligenz, seinen Scharfsinn* – und nennt ihn seinen *Lotsenbruder.*

Im Jahr 2022 hat Bundespräsident Frank-Walter Steinmeier im Berliner Schloss Bellevue, dem Schloss der Hohenzollern, die 1849 die demokratische Bewegung zusammenschießen ließen, ein Denkmal für Carl Schurz aufstellen lassen. Eine überfällige, demokratische Erweiterung im deutschen Geschichtsbild.

ZUR TEXTAUSWAHL

Die hier vorgelegte Textauswahl besteht aus Auszügen des ersten Bandes (1829–1852) der »Lebenserinnerungen« von Carl Schurz, niedergeschrieben in den USA, erstmals erschienen 1906/1907 bei Georg Reimer, Berlin (hier zitiert nach der 1973 im Verlag der Nation, Berlin, erschienenen textgleichen Ausgabe). Die Kapitelüberschriften wurden für diesen Band hinzugefügt.

Im Zentrum stehen die revolutionären Ereignisse um die Jahre 1848/1849 in Deutschland, an denen Carl Schurz aktiv teilgenommen und die er in seinen Erinnerungen, trotz aller subjektiven Befangenheit, erstaunlich »neutral«, auch selbstkritisch zusammengefasst hat.

Sein Engagement für Demokratie und Menschenrechte, für Gleichheit und gegen jede Form der Diskriminierung, für politische Konfliktlösungen und gegen den nach 1850 aufkommenden Nationalismus und Imperialismus wurde auch in seiner neuen Heimat, den USA, keineswegs geringer. Er kämpfte dort als General der Nordstaaten gegen die Sklaverei, stieg anschließend zum hochgeachteten Senator des US-Kongresses auf und wurde schließlich gar, nachdem er unter Präsident Abraham Lincoln als US-Botschafter in Spanien tätig war, von Präsident Rutherford B. Hayes (1877–1881), zum – ersten und einzigen deutschstämmigen – Innenminister der USA berufen.

Diesen mindestens ebenso wichtigen Abschnitt seines Lebens beschreibt er im zweiten Band seiner Erinnerungen, der ebenfalls sehr zur Lektüre zu empfehlen ist, auf dessen Inhalte wir aber im Rahmen unserer Edition nicht näher eingehen können.

Rüdiger Dammann

POLITISCHES ERWACHEN

Von der neuesten deutschen Literatur, besonders der politischen, wusste ich sehr wenig. Von Heine hatte mir mein Lehrer Pütz erzählt, aber ich kannte ihn eigentlich nur dem Namen nach; von Freiligrath nur einige seiner Tropenbilder; von Gutzkow, Laube, Herwegh usw. gar nichts. Petrasch (ein Mitschüler) lieh mir Heines »Buch der Lieder«. Das war mir wie eine neue Offenbarung. Ich fühlte fast, als hätte ich nie vorher ein lyrisches Gedicht gelesen, und doch klang mir von Heines Liedern manches, als hätte ich es schon längst gekannt, als hätten die Feen es mir an meiner Wiege gesungen. Unverzüglich flog alles, was ich bis dahin an Versen geschrieben hatte und das durchweg von der hochtrabenden deklamatorischen Sorte war, ins Feuer, und ich sah es mit Lust brennen. Das Lesen und Wiederlesen des »Buchs der Lieder« war mir eine unbeschreibliche Schwelgerei. Dann ging ich an die »Neuen Lieder«, die »Reisebilder«, das Wintermärchen »Deutschland« und den »Atta Troll« mit ihrer ätzenden politischen Satire, deren Witz dem Gemüt nicht wohltat, aber die Gedanken auf den Zustand des Vaterlandes lenkte. Ferner las ich mit meinen Freunden auch Gedichte der revolutionären Himmelsstürmer, wie

Herwegh, Hoffmann von Fallersleben und anderer, die wir meist nur in Abschriften besaßen.

Die revolutionären Leidenschaften, die in einigen derselben Ausdruck fanden, waren uns allerdings in Wirklichkeit fremd. Aber die Angriffe auf die bestehenden Regierungen, besonders die preußische, schlugen doch eine Saite an, die in der Brust des Rheinländers leicht widerklang. Jenes Stück des Rheinlandes mit seiner fröhlichen, leichtlebigen Bevölkerung hatte innerhalb einer verhältnismäßig kurzen Periode allerlei bunte Schicksalswechsel erfahren. Vor der Französischen Revolution hatte es unter der gemütlich-liederlichen erzbischöflich-kurfürstlichen Herrschaft gestanden. Dann, von französischen Herren erobert, gehörte es eine Weile zu der Französischen Republik und dem Kaiserreich. Endlich im Jahre 1815 wurde es zu Preußen geschlagen. Von diesen drei Herrschaften, deren rasche Aufeinanderfolge ein Gefühl wahrer Loyalität nicht aufkommen ließ, liebte der Rheinländer die preußische am wenigsten, obgleich sie unzweifelhaft bei weitem die Beste war.

Das kurz angebundene, autoritätssüchtige preußische Wesen, die stramme preußische Ordnung sagten dem etwas leichtsinnigen rheinischen Volk nicht zu. Dann war das Volk dieses Landesteils fast ausnahmslos katholisch, während der Begriff Preußen den Begriff Protestantismus in sich schloss. Überdies kamen altpreußische Beamte in ansehnlicher Zahl ins Rheinland, um die Rheinländer regieren zu helfen, und das setzte natürlich böses Blut. All diese Dinge ließen die preußische Herrschaft am Rhein wie eine Art von Fremdherrschaft erscheinen, die, wie das fast immer der Fall ist, von Anfang an dem Gefühl der Eingeborenen widerstrebte.

Im Laufe der Zeit sah man allerdings ein, dass die ehrliche und gut geregelte preußische Administrationsweise sehr große Vorzüge besaß. Aber die dem Rheinländer angeborene Oppositionslust war nun einmal angestachelt; der preußische Beamte blieb ein »hungriger Preuß«, und das Wort »Preuße« überhaupt galt im Volksmunde als ein ziemlich ehrenrühriges Schimpfwort. In der Tat, wenn in einer Zänkerei von Schulknaben der eine den anderen einen »Preußen« gescholten hatte, so hielt es schwer, noch einen höheren Trumpf zu finden. Das sollte allerdings infolge der national-deutschen Einheitsbestrebungen und besonders der politischen Erregungen der Jahre 1848/49 ganz anders werden; aber zur Zeit, als ich Gymnasiast war, stand der Preußenhass am Rhein noch in voller Blüte.

Uns jungen Leuten war freilich die provinziale und besonders die religiöse Engherzigkeit ziemlich fremd. Aber wir teilten doch das vorherrschende Gefühl, dass da manches anders werden müsste; dass es ein Skandal sei, dem Volk Rede- und Pressefreiheit vorzuenthalten; dass der alte preußische Absolutismus einer konstitutionellen Regierungsform zu weichen habe; dass die der deutschen Nation im Jahre 1813[1] von den Fürsten gegebenen Versprechungen schmählich gebrochen worden seien und dass das zersplitterte deutsche Vaterland in ein geeinigtes großes Reich mit freien politischen Institutionen zusammengeschmiedet werden sollte. Der unruhig aufstrebende deutsche Nationalgeist, der damals die Gemüter der gebildeten Stände durchwehte und in der Literatur beredten Ausdruck fand, erregte in uns

1 Im sogenannten Befreiungskrieg wurden die französischen Truppen Napoleons geschlagen und die französische Besatzung beendet.

die wärmste Begeisterung. Wie die geträumte Freiheit und nationale Einheit zuwege gebracht werden sollten, ob wir zu diesem Zweck, wie Herwegh in einem Gedicht empfahl, das wir alle auswendig hersagen konnten, die eisernen Kreuze aus der Erde reißen und daraus Schwerter schmieden müssten oder ob es einen Weg friedlicher Entwicklung nach dem ersehnten Ziele gäbe, darüber waren unsere Gedanken keineswegs klar. Umso fester aber standen uns die Zielpunkte selbst, und wir suchten uns durch fleißiges Lesen von Zeitungen und Flugschriften über die Vorgänge des Tages und die Gedankenströmungen im Volk zu unterrichten. Auch konnten wir uns nicht enthalten, unsere Gesinnungen gelegentlich laut werden zu lassen.

Ich war in der Obersekunda, als eines Tages unser Lehrer im Deutschen (…) uns die Aufgabe stellte, als deutschen Aufsatz eine Gedächtnisrede auf die Schlacht bei Leipzig[2] zu schreiben. Da ich es für meine Pflicht hielt, das zu sagen, was ich wirklich dachte, so ließ ich bei dieser Veranlassung meine Ansichten über die dem deutschen Volk nach so heldenmütigen Anstrengungen gewordene Behandlung und meine Hoffnung auf eine nationale Regeneration des deutschen Vaterlandes freimütig aus. Es war mir heiliger Ernst dabei. Ich schrieb die Gedächtnisrede sozusagen mit meinem Herzblut. Als der Professor uns in der Klasse unsere Hefte mit seinen kritischen Bemerkungen zurückgab, reichte er mir das meinige ohne ein Wort. Ich fand unter meinem Aufsatz die Zensur: »Stilistisch sehr gut; aber was für nebelhafte

2 Die Völkerschlacht bei Leipzig im Oktober 1813, die bis dahin größte kriegerische Auseinandersetzung aller Zeiten, beendete die französische Vormachtstellung in den deutschen Ländern.

Ansichten!« Nach der Unterrichtsstunde rief er mich zu sich, legte seine Hand auf meine Schulter und sagte: »Was Sie da geschrieben haben, klingt ja ganz brillant. Aber so etwas kann doch auf einem königlich-preußischen Gymnasium nicht passieren. Tun Sie's nicht wieder!« Er gab uns nie wieder ein Thema, das politische Anspielungen hätte veranlassen können.

ALS STUDENT IN BONN

Es war am Anfang des Wintersemesters von 1847/48, dass ich den Professor Gottfried Kinkel[3] kennenlernte – eine Bekanntschaft, die für mein späteres Leben von sehr großer Bedeutung werden sollte. Kinkel hielt Vorlesungen über Literatur und Kunstgeschichte, von denen ich eine besuchte. Ebenso nahm ich teil an einem von ihm geleiteten Kursus rhetorischer Übungen. Dies brachte uns in nähere persönliche Berührung.

Kinkel war am 11. August 1815 geboren, also zur Zeit, als ich ihm nahekam, zweiunddreißig Jahre alt. Er war der Sohn eines Evangelischen Pfarrers in Oberkassel am Rhein; und ebenfalls für die theologische Laufbahn bestimmt, studierte er an den Universitäten von Bonn und Berlin. Im Jahre 1836 ließ er sich an der Bonner Universität als Privatdozent

3 Gottfried Kinkel (1815–1882), Professor an der Universität Bonn, war, neben der Lehre, ab 1848 Redakteur der Bonner Zeitung und gründete im Mai 1848 den Demokratische Verein in Bonn. Im Februar 1849 wurde er als demokratischer Kandidat des Wahlkreises Bonn-Sieg in das Preußische Abgeordnetenhaus gewählt. Enttäuscht von der Machtlosigkeit der »Volksvertretung«, nahm er im Sommer 1849 am badisch-pfälzischen Aufstand teil – wovon später in diesem Band noch ausführlich die Rede sein wird.

der Kirchengeschichte nieder, machte wegen geschwächter Gesundheit 1837 eine Reise nach Italien, wo er sich dem Studium der Kunstgeschichte hingab, und wurde nach seiner Rückkehr Hilfsprediger der evangelischen Gemeinde in Köln. Dahin reiste er jeden Sonntag von Bonn aus, um seine Predigten zu halten, die sich durch einen seltenen rednerischen Schwung auszeichneten (...).

In Köln lernte er die geschiedene Gattin des Buchhändlers Matthieux kennen, eine Frau von außergewöhnlichen Geistesgaben. Auf einer Rheinfahrt, bei welcher der Kahn umschlug, rettete er sie aus den Wellen, und bald darauf, im Jahre 1843, heiratete er sie. Diese Verbindung mit einer geschiedenen katholischen Frau würde die Stellung des evangelischen Theologen unhaltbar gemacht haben, wäre dieselbe nicht schon durch seine ausgesprochene freisinnige Richtung untergraben gewesen. So gab denn Kinkel die Theologie auf und wurde 1846 an der Universität Bonn als außerordentlicher Professor der Kunst- und Kulturgeschichte angestellt.

Seinen Vorlesungen verlieh die interessante Persönlichkeit des Professors sowie sein fesselnder Vortrag einen besonderen Reiz. Kinkel war ein auffallend schöner Mann, von regelmäßigen Gesichtszügen und von herkulischem Körperbau, über sechs Fuß groß, strotzend von Kraft. Unter seiner von schwarzem Haupthaar beschatteten breiten Stirn leuchtete ein Paar dunkler Augen hervor, deren Feuer selbst durch die Brille, die er damals durch seine Kurzsichtigkeit zu tragen gezwungen war, nicht gedämpft wurde. Mund und Kinn waren von einem schwarzen Vollbart umrahmt. Kinkel besaß eine wunderbare Stimme – zugleich stark und weich, hoch und tief, gewaltig und rührend in ihren Tönen, schmeichelnd wie die Flöte und schmetternd wie die Posaune, als umfasste sie alle Register der Orgel. In späteren Jahren hat man ihm vorgeworfen, dass in dem Gebrauch, den er von dieser Stimme machte, eine gewisse affektierte Effekthascherei zu bemerken sei. Das mag so gewesen sein, nachdem seine Kräfte angefangen hatten abzunehmen.

Aber zu der Zeit seiner vollsten Jugendblüte, als ich ihn zuerst hörte, war es gewiss nicht so. Da klang diese Stimme wie eine Naturkraft, die von selbst aus ungesehenen Quellen entsprang und ohne Anstrengung und Absicht ihre Wirkung hervorbrachte. Ihm zuzuhören war ein musikalischer Genuss und ein intellektueller zugleich. Eine durchaus ungesuchte, natürliche und daher ausdrucksvolle und graziöse Gestikulation begleitete die Rede, die in gehaltvollen, wohlgeordneten und häufig poetisch angehauchten Sätzen dahinfloss und auch trockenen Gegenständen einen anziehenden Reiz verlieh.

Als sich nun Kinkel erbot, seine Schüler in die Kunst des Redens einzuweihen, ergriff ich diese Gelegenheit des Lernens mit Begierde. Er hielt uns keine theoretischen Vorlesungen über Rhetorik, sondern begann sofort damit, uns bedeutende Muster vorzuführen, zu erklären und uns daran zu üben. Als solche Muster wählte er unter anderem größere rednerische Passagen aus den Dramen Shakespeares, und so wurde mir die Aufgabe, die berühmte Leichenrede des Marcus Antonius in »Julius Cäsar« in ihrer Bedeutung zu erklären, die beabsichtigten Effekte und die Mittel, mit welchen diese erreicht werden sollen, darzulegen und schließlich die ganze Rede deklamatorisch oder vielmehr rednerisch vorzutragen. Mit meiner Lösung dieser Aufgabe sprach Kinkel seine Zufriedenheit aus und lud mich dann ein, ihn in seinem Hause zu besuchen. Sogleich folgte ich dieser Einladung, und trotz meiner noch immer nicht ganz überwundenen Schüchternheit entwickelte sich bald zwischen dem Lehrer und dem Schüler ein freundschaftliches Verhältnis. Es war in der Tat nicht schwer, sich mit Kinkel einzuleben. Er besaß in hohem Maße die heitere Ungebundenheit des Rheinländers. Er liebte es, den Professor beiseitezulegen und im Familien- und Freundeskreis sich in zwangloser Fröhlichkeit gehenzulassen. Er leerte sein Glas Wein, lachte über einen guten oder auch gar einen schlechten Spaß herzlich und laut, zog aus allen Lebensverhältnissen so viel Freude, wie daraus zu ziehen war, und grämte sich möglichst wenig, wenn sich ihm das Schicksal unfreundlich erwies. So fühlte man sich bald vertraut und heimisch in seiner Gesellschaft. Gegner hatte er freilich auch. Diese rechneten es ihm als Charakterfehler an, dass er eitel sei. Aber wer ist das nicht – jeder in seiner Weise? Eitelkeit ist die gewöhnlichste und natürlichste aller Charakterschwächen und zugleich auch die unschädlichste und verzeihlichste, wenn sie unter dem Einfluss eines gesunden Ehrgeizes steht. Ins Maßlose getrieben, wird sie lächerlich und straft sich selbst. So hat's mich eine lange Lebenserfahrung gelehrt.

Nichts hätte anmutender sein können als Kinkels Familienleben. Frau Johanna war durchaus nicht schön. Ihre mittelgroße Figur war breit und platt. Hände und Füße, wenn auch nicht besonders groß, doch unzierlich geformt; die Gesichtsfarbe dunkel; die Züge grob und ohne weiblichen Reiz. Dazu verstand sie gar nicht, sich zu kleiden. Ihre

Kleider waren gewöhnlich ein wenig zu kurz, so dass ihre breiten Füße, die fast immer in weißen Strümpfen steckten und mit gekreuzten Schuhbändern geschmückt waren, mehr als wünschenswert Aufmerksamkeit auf sich zogen. Aber aus ihren stahlblauen Augen strahlte eine dunkle Glut, die auf Ungewöhnliches deutete. In der Tat, der Eindruck des Unschönen verschwand sofort, wenn sie zu sprechen anfing. Auch dann schien sie zuerst noch von der Natur vernachlässigt zu sein; denn ihre Stimme hatte etwas Heiseres und Trockenes. Aber was sie sagte, pflegte den Zuhörer sofort zu fesseln. Nicht allein sprach sie über viele Gegenstände höherer Bedeutung mit tiefem Verständnis, großem Scharfsinn und auffallender Klarheit, sondern sie wusste auch gewöhnlichen Dingen, alltäglichen Vorkommnissen durch ihre lebendige, geistvolle Darstellungsgabe ein eigentümliches Interesse zu verleihen. Und immer ließ sie das Gefühl zurück, dass hinter dem, was sie sagte, noch ein großer Reichtum von Kenntnissen und Gedanken aufgespeichert sei. Dazu besaß auch sie den munteren rheinischen Humor, der allen Dingen gern ihre scherzhafte Seite abgewinnt und unter allen Umständen das Genießbare des Lebens hervorsucht. Sie hatte eine ungemein gründliche musikalische Bildung genossen und spielte das Klavier mit Meisterschaft. Ich habe Beethovensche und Chopinsche Kompositionen selten so vollendet wiedergeben hören wie von ihr. Man konnte von ihr sagen, dass sie die Grenzlinie, die den Dilettantismus von der wahren Künstlerschaft scheidet, weit überschritten hatte. Sie komponierte ebenso reizend, wie sie spielte. Obgleich ihre Stimme kein Klangmetall besaß und sie im Singen die Töne scheinbar nur andeuten konnte, sang sie doch mit ergreifender Wirkung. Sie verstand wirklich die Kunst, ohne Stimme zu singen.

Wer nun diese beiden äußerlich so verschiedenen Menschen in ihrem häuslichen Leben beisammen beobachtete, der musste den Eindruck empfangen, dass sie aneinander ihre herzliche Freude hatten und die Kämpfe des Lebens mit einer Art von herausfordernder Heiterkeit zusammen durchkämpften. Noch stärker wurde dieser Eindruck, wenn man ihr Glück über die Kinder sah, mit denen ihre Ehe gesegnet war. Auch bildete das Kinkelsche Haus den Mittelpunkt eines Kreises geistesverwandter Menschen, deren gesellige Stunden an geistvoller Fröhlichkeit nichts zu wünschen übrig ließen. Es waren dies durchweg Männer und Frauen von freisinniger Denkart auf dem religiösen wie dem politischen Gebiet, die denn auch ihre Meinungen mit kecker Ungebundenheit auszusprechen liebten. An Stoff fehlte es in jenen Tagen nicht.

Die Revolte, die infolge der Ausstellung und Anbetung des sogenannten Heiligen Rocks in Trier[4] unter den Katholiken ausgebrochen war und die deutsch-katholische Bewegung hervorgebracht hatte, stand noch in Blüte und gab auch unter den Protestanten dem Drang nach Denk- und Lehrfreiheit neue Anregung. Auch auf dem politischen Feld wehte ein scharfer Luftzug. Die traurige Selbstironie, die öde

4 Eine Reliquie im Trierer Dom, die Fragmente der Tunika Jesu Christie enthalten soll. Eine massenhafte, vom Klerus organisierte Wallfahrt dorthin, an der hunderttausende Menschen teilnahmen, löste 1844 eine heftige Kritik an der katholischen Frömmigkeitspraxis aus, in deren Folge die deutschkatholische Bewegung entstand, die sich von Rom lossagte.

Kannegießerei vergangener Tage hatte dem Streben Platz gemacht, klar gesteckte Ziele ins Auge zu fassen, und auch dem Glauben, dass dieselben erreichbar seien. Man fühlte das Kommen großer Veränderungen, wenn man auch nicht erkannte, wie nahe es schon bevorstand. In dem Kinkelschen Kreise nun hörte ich manches klar ausgesprochen, was mir bis dahin nur mehr oder minder nebelhaft vorgeschwebt hatte. Ein Rückblick auf den damaligen politischen Geistes- und Gemütszustand der Klasse von Deutschen, zu denen ich gehörte, mag dazu dienen, deren Haltung in den Bewegungen, die dem Jahre 1848 vorangingen, verständlich zu machen.

Das patriotische Herz verweilte gern bei der Erinnerung an das Heilige Römische Reich Deutscher Nation, das einst in seiner Blüte der bekannten Welt Gesetze vorgeschrieben. Aus dieser Erinnerung entsprang dann jene Kyffhäuserromantik mit ihren Zukunftsträumen von der Wiedergeburt deutscher Macht und Herrlichkeit, die für die Jugend einen so poetischen Reiz hatte. Mit Scham gedachte man der Zeit der nationalen Zerrissenheit und des öden Absolutismus nach dem Dreißigjährigen Krieg, als deutsche Fürsten, alles nationalen Gefühls bar, stets bereitstanden, den Interessen und dem Ehrgeiz des Auslandes zu dienen, ja, ihre eigenen Untertanen zu verkaufen, um mit dem Erlös den Luxus ihrer liederlichen Hofhaltung zu bestreiten; und mit gleicher Scham der Rheinbundsperiode, als eine Reihe deutscher Fürsten, die von Bayern, Sachsen und Württemberg an der Spitze, bloße Vasallen Napoleons wurden; als ein Teil Deutschlands dazu diente, den anderen Teil dem verhassten Fremdling zu Füßen zu legen, und als der Kaiser des hoffnungslos zerfallenen Reiches im Jahre 1806 seine Krone niederlegte und deutscher Kaiser und deutsches Reich auch dem Namen nach aufhörten zu sein.

Dann kam nach langer, leidvoller Erniedrigung die große Volkserhebung gegen die napoleonische Zwingherrschaft im Jahre 1813 und mit ihr die Geburt des neuen deutschen Nationalgefühls. An dieses Nationalgefühl appellierte das berühmte Manifest von Kalisch, in dem der König von Preußen in Verbindung mit dem russischen Kaiser das deutsche Volk zu den Waffen rief und ihm zugleich eine neue und wehrhafte nationale Einigung und Beteiligung des Volkes an dem Geschäft des Regierens in konstitutionellen Formen in Aussicht stellte. Die Wiedergeburt eines einigen deutschen Nationalreichs, Aufhören der absoluten Willkürherrschaft durch Einführung volkstümlicher Regierungsinstitutionen im Innern – das war das Versprechen des preußischen Königs, wie das Volk es verstand, das war die Hoffnung, mit der das Volk in den Kampf ging, den es dann mit begeistertem Heldenmut und einer Opferwilligkeit ohne Grenzen siegreich durchkämpfte.

Aber mit dem Sieg kam wieder eine Periode bitterer Enttäuschung. Gegen eine einheitliche Reichsverfassung Deutschlands erhob sich nicht nur die Eifersucht des außerdeutschen Europas, sondern auch die Souveränitätsgelüste der kleineren deutschen Fürsten, besonders derer, die als Mitglieder des Rheinbundes in ihrem Range erhöht worden waren; und dazu die selbstsüchtig intrigierende Politik Österreichs, das mit seinen außerdeutschen Besitzungen einen außerdeutschen Ehrgeiz hatte oder vielmehr von einem außerdeutschen Eigennutz inspiriert wurde. Und diese österreichische Politik wurde geleitet von dem Fürsten

Metternich[5], dem jede Regung deutschen Patriotismus ebenso fremd war, wie er jeden freiheitlichen Gedanken hasste und das Volk als solches fürchtete. So brachten denn die Friedensschlüsse dem deutschen Volk nicht annähernd den verdienten und gehofften Lohn für seine Opfer, und aus dem Wiener Kongress, der, um Europa auf unabsehbare Zeit hinaus eine feste Gestalt zu geben, den Völkerschacher im Großen betrieb, ging für die deutsche Nation nichts hervor als ein Allianzvertrag zwischen den deutschen Staaten, der Deutsche Bund mit seinem Organ, dem Bundestag, einer Versammlung der Bevollmächtigten der verschiedenen Regierungen ohne die geringste Spur einer Vertretung der Stände oder des Volks. Von einer Garantie und Verwirklichung bürgerlicher Rechte, Pressefreiheit, Versammlungsrecht, öffentliche Rechtspflege, war nicht die Rede. Im Gegenteil, der Bundestag, ohnmächtig als eine Vertretung der Nation nach außen, entwickelte sich nur zu einer gegenseitigen Versicherungsgesellschaft absolutistischer Regierungen, zu einer zentralen Polizeibehörde für die Unterdrückung jeder nationalen oder freiheitlichen Regung im Innern.

Der König von Preußen, Friedrich Wilhelm, hatte unzweifelhaft die in den Tagen der Not und des nationalen Aufschwungs gemachten Versprechen ehrlich gemeint. Aber seine beschränkte Hausvaternatur, sich selbst eines redlichen Willens bewusst, war leicht geneigt, eine möglichst unbeschränkte Autorität seinerseits als notwendig für das Heil

5 Klemens Wenzel Lothar von Metternich (1773–1859), österreichischer Staatskanzler, der nach dem Sieg über Napoleon eine maßgebliche Rolle bei der politischen und territorialen Neuordnung Europas einnahm und ein radikaler Befürworter des Absolutismus war.

der Welt anzusehen. Jedes Streben im Volke nach freien Staatseinrichtungen stellte sich ihm als ein Angriff auf diese absolute Autorität und somit als ein revolutionärer Exzess dar, und die bloße Äußerung des Wunsches, dass die 1813 gemachten Versprechungen erfüllt werden sollten, war ihm, da er darin eine rebellische Anmaßung des Untertanen sah, Grund genug, diese Erfüllung aufs Ungewisse hinauszuschieben. So wurde er, unbewusst vielleicht, zum Werkzeug Metternichs, des bösen Genius Deutschlands. Das Ergebnis war eine Periode stupider Reaktion, eine Periode von Ministerkonferenzen zur Vereinbarung despotischer Maßregeln, von grausamen Demagogenverfolgungen, barbarischen Pressknebeleien, brutaler Polizeiwillkür, zuweilen unterbrochen von liberalen Anläufen in einigen der kleineren Staaten, denen dann noch empörendere Repressionsmaßregeln von Bundes wegen zu folgen pflegten. Und darüber schwebte der Bundestag, die angebliche Verkörperung deutscher Einheit, als wirkliche Verkörperung der bundesmäßig organisierten Polizeiwillkür. So waren die Opfer und der Heldenmut des deutschen Volkes in dem Kampf um nationale Unabhängigkeit belohnt, so die schönen Verheißungen des Jahres 1813 erfüllt worden. Es war eine Zeit tiefster Entwürdigung. Selbst der Franzose, der die Wucht der deutschen Waffen gefühlt, verspottete nicht ohne Grund die klägliche Demütigung des Siegers. Der Deutsche war versucht, sein Vaterland zu verachten. Er ironisierte sieh selbst.

Die Thronbesteigung Friedrich Wilhelms IV. im Juni 1840 erweckte neue Hoffnungen. Er war als Mann von Geist bekannt und hatte als Kronprinz schöne Erwartungen erregt. Man hielt ihn für unfähig, die starre Politik seines Vaters weiterzuführen. Es war auch gerade damals, als die Bedrohung der Rheingrenze durch das französische Ministerium Thiers das deutsche Nationalgefühl wieder einmal mächtig aufbrausen machte und dann das von millonenstimmigem Chor gesungene Lied »Sie sollen ihn nicht haben, den freien deutschen Rhein!«, wie dreißig Jahre später die »Wacht am Rhein«, den Franzosen drohend entgegenschallte. In der Tat schienen des neuen Königs erste Äußerungen und die Berufung bedeutender Männer zu hohen Stellen die Hoffnung zu ermutigen, dass er ebenso national gesinnt sei, wie der patriotischste Teil des deutschen Volkes und dass die liberalen Strömungen der Zeit in ihm Verständnis und Würdigung finden würden. Eine neue Enttäuschung folgte. Sobald die Forderung hervortrat, dass nun endlich das alte Versprechen der Einführung einer Repräsentationsverfassung erfüllt werden sollte, änderte sich des Königs Ton. Diese Forderung wurde schroff von ihm zurückgewiesen und die Zensur mit erneuter Strenge gegen die Presse gehandhabt. Friedrich Wilhelm IV. war von einem mystischen Glauben an die absolute Königsgewalt von Gottes Gnaden erfüllt. Er hegte romantische Fantasien, die ihn für manche der politischen und sozialen Institutionen des Mittelalters mehr einnahmen als für die Forderungen der Neuzeit. Er hatte Einfälle, aber keine Überzeugungen; Launen, aber keine echte Willenskraft; Witz, aber keine Weisheit. Er besaß den Ehrgeiz, etwas Bedeutendes tun zu wollen, um seinen Namen in die Weltgeschichte zu zeichnen. Aber während er sich und das Volk über allerlei Projekte unterhielt, wollte er doch im Wesentlichen alles beim Alten lassen. Er glaubte, dem Volke den Schein eines Anteils an der Regierung bieten zu können, ohne jedoch die Allgewalt seiner Krone im Geringsten zu schmälern. Aber diese Versuche endeten wie alle ähnlichen, von anderen Monarchen zu anderen Zeiten gemachten. Das Scheinbare und Ungenügende, das er gab, diente nur dazu, bei dem Volk das Verlangen nach dem Wesenhaften und Zulänglichen zu verstärken und zu erhitzen. Revolutionen beginnen oft mit Scheinreformen. Die Provinziallandtage, die der König berief in der Erwartung, dass sie sich bescheiden auf die ihnen vorgeschriebenen Aufgaben beschränken würden, petitionierten heftig um erweiterte Vertretung des Bürger- und Bauernstandes und um Pressefreiheit. Die 1842 eingerichteten Ständischen Ausschüsse, welche die Stelle einer einheitlichen Volksvertretung einnehmen, aber nur sehr beschränkte Befugnisse haben sollten, machten die Nichterfüllung des alten Versprechens einer wirklichen Repräsentationsverfassung nur um so fühlbarer und dem Volksgeist klarer. Das Experiment des Scheinbar-Gebens und Alles-Behaltens konnte nur kläglich misslingen.

Die Petitionen der Provinziallandtage um Pressefreiheit, Schwurgericht und Landesverfassung wurden immer dringlicher. Es half nichts, dass die königliche Regierung diese Petitionen ärgerlich zurückwies, dass sie die Zensur noch mehr verschärfte, dass sie, um die schon erwähnten liberalen religiösen Bewegungen zu dämpfen, die Schulen unter die strengste Kontrolle stellte und frommgläubige Lehrer und entsprechende Lehrbücher an die Stelle von freisinnigeren setzte; dass sie die Lehrfreiheit der Universitäten verkümmerte und selbst die Richter durch Disziplinargesetze zu unterjochen suchte. Die Unzufriedenheit wurde allmählich so allgemein, der Sturm der Petitionen so heftig, das Widerstreben des Volkes gegen den Polizeidespotismus, wie er sich in einzelnen Konflikten, in Köln und Königsberg, betätigte, so drohend, dass die alte Parade der absoluten Königsgewalt nicht mehr ausreichen wollte und ein neuer Schritt auf dem Wege liberaler Neuerung durchaus notwendig schien.

So entschloss sich denn König Friedrich Wilhelm IV., den Vereinigten Landtag, eine aus den Mitgliedern der sämtlichen Provinziallandtage bestehende Versammlung, auf den 11. April 1847 nach Berlin zu berufen. Aber es war wieder das alte Spiel. Diese Versammlung sollte ein Parlament vorstellen und doch keines sein. Ihre Berufung sollte für immer ganz von dem Belieben des Königs abhängen. Ihre Befugnisse wurden auf das ängstlichste beschränkt. Sie sollte keine Gesetze machen und keinerlei bindende Beschlüsse fassen können. Sie sollte dem König nur als Beirat bei seinen Entschließungen dienen und ihre Wünsche ihm gegenüber nur im Wege der Petition ausdrücken. In der Rede, mit welcher der König den Vereinigten Landtag eröffnete, erklärte er nachdrücklich, dies sei nun das Äußerste, zu dem er sich verstehen werde; er könne nie und nimmer das Eindrängen eines »beschriebenen Blatts Papier«, einer geschriebenen Konstitution, zwischen Fürst und Volk zugeben; das Volk selbst wolle nicht das Mitregieren von Repräsentanten; die Vollgewalt der Könige dürfe nicht gebrochen werden; die Krone solle nach den Gesetzen Gottes und des Landes und nach eigener freier Bestimmung herrschen; sie könne und dürfe nicht nach dem Willen von Majoritäten regieren; und er, der König, würde die Versammlung nie berufen haben, hätte er nur den geringsten Zweifel gehegt, dass ihre Mitglieder ein Gelüst hätten nach der Rolle sogenannter Volksrepräsentanten. Dies sollte nun ausgesprochenerweise die Erfüllung »und mehr als die Erfüllung« der in der Zeit der Not gegebenen Versprechungen darstellen.

Allgemeine Enttäuschung und erhöhte Unzufriedenheit folgten dieser Verkündigung. Aber die von dem König gemachte Konzession bedeutete doch viel mehr, als er selbst wohl berechnet hatte. Wer mit absoluter Gewalt regieren will, der darf keine öffentliche Diskussion der Politik und Handlungen der Regierung durch Männer gestatten, die dem Volk näherstehen. Der Vereinigte Landtag konnte allerdings nicht beschließen, sondern nur debattieren. Aber dass er debattieren konnte und dass diese Debatten tagtäglich durch getreue Zeitungsberichte in die Intelligenz des Landes übergingen, das war eine Neuerung von unberechenbarer Tragweite. Die Haltung des Vereinigten Landtages, auf dessen Bänken sich manche Männer von ungemeiner Fähigkeit und freisinnigen Grundsätzen zusammenfanden, war durchaus würdig, besonnen und maßvoll. Aber der Kampf gegen den Absolutismus begann sogleich, und das Volk folgte ihm mit erregter Teilnahme. Es geschah, was in der Weltgeschichte schon oft geschehen ist: Jeder Schritt vorwärts brachte dem Volk die Notwendigkeit weiterer Schritte vorwärts zu lebhafterem Bewusstsein. Und als nun der König, sich der wachsenden Bewegung entgegenstemmend, die gemäßigtsten Forderungen des Vereinigten Landtags mit schroffen Worten abschlug und die Versammlung »ungnädig« entließ, da war die öffentliche Stimmung durch die Regierung selbst in die Bahn gelenkt worden, in der revolutionäre Gedanken wachsen. Einzelne revolutionäre Köpfe hatte es zwar schon lange gegeben. Aber in ihrer Isolierung hatten sie als Träumer gegolten und konnten nur geringe Gefolgschaft gewinnen. Jetzt aber verbreitete sich in weiten Kreisen das Gefühl, dass ein wirkliches Gewitter im Anzug sei, wenn auch fast niemand die Schnelligkeit seines Kommens voraussah. Früher hatte man sich über das aufgeregt, was Thiers und Guizot[6] in den französischen Kammern oder Palmerston und Derby[7] im englischen Parlament oder gar was Hecker, Rotteck und Welcker[8] in der kleinen badischen Landesversammlung sagten. Jetzt lauschte man mit nervöser Begierde jedem Wort, das im Vereinigten Landtag des bedeutendsten deutschen Staates von den Lippen Camphausens (…), Beckeraths, Hansemanns[9] und anderer liberaler Führer fiel, und es lag ein Gefühl in der Luft, als ob dieser Vereinigte Landtag in seiner Stellung und Aufgabe der französischen Nationalversammlung des Jahres 1789 nicht ganz unähnlich sei. Im Kinkelschen Kreise waren diese Dinge oft Gegenstand lebhafter Besprechung.

Wir Studenten brachten diesen Ereignissen wohl weniger klares Verständnis, aber nicht geringeres Interesse entgegen als die älteren Leute. Die Burschenschaft hatte ja auch ihre

6 Adolphe Thiers und François Guizot waren – nacheinander – französische Außenminister und stützten nach innen und außen das monarchische Prinzip.

7 Henry Palmerston und Edward Geoffrey Smith-Stanley, Earl of Derby, waren führende britische Politiker, beide auch mehrfach Premierminister.

8 Friedrich Hecker, Karl von Rotteck und Carl Theodor Welcker waren liberale Politiker und im Vormärz gewählte Abgeordnete der badischen Zweiten Kammer.

9 Ludolf Camphausen, Hermann von Beckerath und David Hansemann waren Abgeordnete des preußischen Vereinigten Landtages und führende Politiker der preußischen Märzregierung – als solche mithin Befürworter einer konstitutionellen Monarchie.

politische Tradition. In den Jahren unmittelbar nach den Befreiungskriegen hatte sie in erster Linie den Ruf nach der Erfüllung der gegebenen Versprechungen erhoben. Sie hatte mit Eifer den nationalen Sinn gepflegt, wenn dieser Eifer auch zuweilen in eine töricht-übertriebene Deutschtümelei ausartete. In den sogenannten Demagogenverfolgungen hatte sie eine ansehnliche Zahl der Opfer gestellt. Die politische Tätigkeit der alten Burschenschaft war allerdings von den jüngeren Verbindungen nicht fortgesetzt worden; aber »Gott, Freiheit, Vaterland« war doch die Devise geblieben; man trug das verbotene schwarzrotgoldene Band noch unter der Weste, und viele Mitglieder der neuen burschenschaftlichen Verbindungen erkannten es als ihre Pflicht an, der Tradition getreu sich von allem, was in der politischen Welt vorging, wohl unterrichtet zu halten und daran einen regen Anteil zu nehmen. So fanden denn die liberalen Bewegungen der Zeit in uns begeisterungsfähige Parteigenossen, wenn auch wir jungen Leute über das, was praktisch zu tun sei, nicht besonders klare Rechenschaft zu geben wussten.

REVOLUTION!

Eines Morgens gegen Ende Februar 1848 – wenn ich mich recht erinnere, war es ein Sonntagmorgen – saß ich ruhig in meinem Dachzimmer (...), als plötzlich einer meiner Freunde fast atemlos zu mir hereinstürzte und rief:

»Da sitzest du! Weißt du es denn noch nicht?«

»Nun, was denn?«

»Die Franzosen haben den Louis-Philippe[10] fortgejagt und die Republik proklamiert.«

Wir sprangen die Treppe hinunter, auf die Straße. Wohin nun? Nach dem Marktplatz. Dort pflegten die Mitglieder der Korps und der Burschenschaften jeden Tag unmittelbar nach dem Mittagessen zusammenzukommen, jede Gesellschaft an ihrer bestimmten Stelle, um zu verabreden, was des Nachmittags etwa unternommen werden solle. Aber es war nun erst Vormittag, die regelmäßige Versammlungsstunde noch nicht gekommen. Nichtsdestoweniger wimmelte der Markt von Studenten, alle, wie es schien, von demselben Instinkt getrieben. Sie standen in Gruppen zusammen und

10 Louis-Philippe I. (1773–1850) war während der sogenannten Julimonarchie von 1830 bis 1848 französischer König, auch »Bürgerkönig« genannt.

sprachen eifrig; kein Geschrei, nur aufgeregtes Gerede. Was wollte man? Das wusste wohl niemand? Aber da nun die Franzosen den Louis-Philippe fortgejagt und die Republik proklamiert hatten, so musste doch auch gewiss hier etwas geschehen. Einige Studenten hatten ihre Schläger, wohl die harmloseste aller Waffen, mit sich auf den Markt gebracht, als hätte es augenblicklich gegolten, anzugreifen oder sich zu verteidigen. Man war von einem vagen Gefühl beherrscht, als habe ein großer Ausbruch elementarer Kräfte begonnen, als sei ein Erdbeben im Gange, von dem man soeben den ersten Stoß gespürt habe, und man fühlte das instinktive Bedürfnis, sich mit anderen zusammenzuscharen. So wanderten wir in zahlreichen Banden umher – auf die Kneipe, wo wir es jedoch nicht lange aushalten konnten; zu anderen Vergnügungsorten, wo wir uns mit wildfremden Menschen ins Gespräch einließen und auch bei ihnen dieselbe Stimmung des verworrenen, erwartungsvollen Erstaunens fanden; dann auf den Markt zurück, um zu sehen, was es da geben möge; dann wieder anderswohin und so weiter, ziellos und endlos, bis man endlich tief in der Nacht, von Müdigkeit übermannt, den Weg nach Hause fand.

Am nächsten Tag sollte man zu den gewöhnlichen Vorlesungen gehen. Man versuchte es auch mit der einen oder anderen. Aber was wollte das nützen? Die eintönig dröhnende Stimme des Professors klang wie aus einer weiten Entfernung herüber. Was er sagte, schien uns nichts anzugehen. Die Feder, die nachschreiben sollte, lag still. Endlich schlug man seufzend das Heft zu mit dem Gefühl, dass man jetzt Wichtigeres zu tun, sich dem Vaterland zu weihen habe. Und das tat man, indem man möglichst schnell wieder die Gesellschaft der Freunde aufsuchte, um das, was geschehen war und was kommen müsste, weiter zu besprechen. In diesen Gesprächen arbeiteten sich nun bald auch die Schlagworte durch, die den allgemeinen Drang des Volksgeistes ausdrückten. Jetzt sei der Tag gekommen, die »deutsche Einheit« zu gewinnen und ein großes, mächtiges »deutsches Nationalreich« zu gründen. In erster Linie die Berufung eines Nationalparlaments.

Dann kam die Forderung der bürgerlichen Rechte und Freiheiten, freie Rede, freie Presse, freies Versammlungsrecht, Freizügigkeit, Gleichheit vor dem Gesetz, frei gewählte Volksvertretung mit gesetzgebender Gewalt, Ministerverantwortlichkeit, Selbstverwaltung der Gemeinden, Bewaffnung des Volkes, Bürgerwehr mit selbst gewählten Offizieren usw. – kurz das, was man ein konstitutionelles Regierungswesen auf breiter demokratischer Grundlage nannte. Republikanische Ideen wurden zuerst nur spärlich laut. Man schwärmte vielmehr für das deutsche Kaisertum mit all seinem Nimbus von Kyffhäuserpoesie. Aber das Wort Demokratie war bald vielen Zungen geläufig, und ebenso hielten viele es für selbstverständlich, dass, wenn die Fürsten versuchen sollten, dem Volk die geforderten Rechte und Freiheiten vorzuenthalten, Gewalt an die Stelle der Petition treten müsse. Freilich sollte die politische Regeneration des Vaterlandes zuerst auf friedlichem Wege erstrebt werden.

Wenige Tage nach dem Ausbruch dieser Bewegung wurde ich neunzehn Jahre alt. Ich erinnere mich, von dem, was vorging, so gänzlich erfüllt gewesen zu sein, dass ich meine Gedanken kaum etwas anderem zuwenden konnte. Ich war wie manche meiner Freunde von dem Gefühl beherrscht, dass endlich die große Gelegenheit gekommen sei, dem deutschen Volk seine Freiheit und dem deutschen Vaterlande seine Einheit und Größe wiederzugewinnen, und dass es nun die erste Pflicht eines jeden Deutschen sei, alles zu tun und alles zu opfern für diesen heiligen Zweck. Es war uns tiefer, feierlicher Ernst darum.

(...) Von allen Seiten kamen aufregende Nachrichten. In Köln herrschte drohende Gärung. In den Wirtshäusern und auf den Straßen erklang die Marseillaise, die damals noch in ganz Europa als die allgemeine Freiheitshymne galt. Auf dem Dornhof und dem Altenmarkt wurden große Versammlungen gehalten, um die Forderungen des Volkes zu beraten. Eine zahlreiche Deputation mit dem ehemaligen Artillerieleutnant August von Willich[11] an der Spitze drang in den Saal des Stadtrats, von diesem verlangend, dass die Munizipalbehörde die in der Versammlung formulierten Forderungen des Volkes als ihre eigenen an den König befördere. Der Generalmarsch wurde geschlagen, das Militär schritt gegen die Volkshaufen ein, und Willich sowie ein anderer früherer Artillerieleutnant, Fritz Anneke[12], wurden verhaftet. Darauf immer größere Aufregung. Die rheini-

11 August von Willich (1810–1878) kämpfte schon 1848 im sog. Heckerzug mit und führte im zweiten pfälzisch-badischen Aufstand (1849) ein pfälzisches Freikorps; Friedrich Engels diente ihm dabei als Adjutant. Nach Niederschlagung des Aufstands floh er zunächst in die Schweiz und emigrierte später (1853) in die USA, wo er im Sezessionskrieg zum Brigadegeneral ernannt wurde.

12 Fritz Anneke (1818–1872), Mitbegründer des Kölner Arbeitervereins, war im badisch-pfälzischen Aufstand einer der militärischen Anführer, Oberbefehlshaber der pfälzischen Artillerie: Emigrierte später mit seiner Frau in die USA (siehe hierzu den Mathilde Anneke-Band dieser Edition).

schen Mitglieder des Vereinigten Landtages beschworen den Oberpräsidenten der Provinz, dem König die sofortige Bewilligung der Forderungen des Volkes als das einzige Rettungsmittel vor blutigen Konflikten vorzustellen. In Koblenz, Düsseldorf, Aachen, Krefeld, Kleve und anderen rheinischen Städten fanden ähnliche Demonstrationen statt. In Süddeutschland – Baden, Rheinhessen, Nassau, Württemberg, Bayern – flammte der Geist der neuen Zeit wie ein Lauffeuer auf. In Baden bewilligte der Großherzog schon Anfang März alles Verlangte. In Württemberg, Nassau und Hessen-Darmstadt erlangte man dieselben Zusicherungen fast ebenso schnell. In Bayern, wo schon vor der französischen Februarrevolution die berüchtigte Lola Montez dem Zorn des Volkes hatte weichen müssen, folgte nun ein Auflauf dem anderen, um den König Ludwig zu liberalen Zugeständnissen zu treiben. Der Kurfürst von Hessen-Kassel gab nach, als das Volk sich bewaffnet hatte und zur Empörung sich bereit zeigte. Die Gießener Studenten sagten bereitwillig den aufständischen Hessen ihre Hilfe zu. In Sachsen erzwang die trotzige Haltung der Bürgerschaft von Leipzig unter Robert Blums[13] Führung das Nachgeben des Königs. Von Wien kam große Kunde. Die Studenten der Universität waren es dort, die den Kaiser von Österreich zuerst mit freiheitlichen Forderungen bestürmten. Blut floss, und der Sturz Metternichs war die Folge. Die Studenten organisierten sich als die bewaffnete Garde der Volksrechte. In den großen Städten Preußens war eine gewaltige Regung. Nicht allein Köln, Koblenz und Trier, sondern auch Breslau; Königsberg und

13 Siehe den Robert Blum-Band dieser Edition.

Frankfurt a. o. sandten Deputationen nach Berlin, um den König zu bestürmen. In der preußischen Hauptstadt wogte das Volk auf den Straßen, und man sah entscheidungsvollen Ereignissen entgegen.

Während all diese Nachrichten wie ein gewaltiger, von allen Seiten zugleich brausender Sturm auf uns hereinbrachen, war man in der kleinen Universitätsstadt Bonn auch eifrig damit beschäftigt, Adressen an den König abzufassen, sie zahlreich zu unterzeichnen und nach Berlin zu schicken. Am 18. März hatten auch wir unsere Massendemonstration. Eine große Volksmenge sammelte sich zu einem feierlichen Zuge durch die Straßen der Stadt. Die angesehensten Bürger, nicht wenige Professoren, eine Menge Studenten und eine große Zahl von Handwerkern und anderen Arbeitern marschierten in Reih und Glied. An der Spitze des Zuges trug Kinkel eine schwarzrot-goldene Fahne. Auf dem Marktplatz angekommen, bestieg er die Freitreppe des Rathauses und sprach zu der versammelten Menge. Er sprach mit wunderbarer Beredsamkeit in den vollsten Orgeltönen seiner Stimme von der wiedererstehenden deutschen Einheit und Größe und von der Freiheit und den Rechten des deutschen Volkes, die von den Fürsten bewilligt oder vom Volk erkämpft werden müssten. Und als er zuletzt die schwarzrotgoldene Fahne schwang und der freien deutschen Nation eine herrliche Zukunft voraussagte, da brach eine Begeisterung aus, die keine Grenzen kannte. Man klatschte in die Hände, man schrie, man umarmte sich, man weinte. Im Nu war die Stadt mit schwarzrotgoldenen Fahnen bedeckt, und nicht nur die Burschenschaften, sondern fast jedermann trug bald die schwarzrotgoldene Kokarde an Mütze oder Hut.

Während wir an jenem 18. März durch die Straßen marschierten, flogen plötzlich unheimliche Gerüchte von Mund zu Mund. Es war berichtet worden, dass der König von Preußen nach langem Zaudern sich entschlossen habe, gleich den anderen deutschen Fürsten die von allen Seiten auf ihn einstürmenden Forderungen des Volkes zu bewilligen. Nun aber flüsterte man sich zu, das Militär habe plötzlich aufs Volk geschossen, und es wüte ein blutiger Kampf in den Straßen von Berlin. Dies stellte sich später insofern als begründet heraus, als der Kampf in Berlin wirklich stattfand; aber sonderbarerweise war das Gerücht zu uns an den Rhein gekommen, ehe in Berlin der Kampf begonnen hatte.

Auf den Rausch des Enthusiasmus folgte nun eine kurze Zeit banger Erwartung. Man fühlte, dass ein Konflikt zwischen Volk und Heer große Entscheidungen bringen müsse. Endlich kam die volle Kunde von den Ereignissen in der Hauptstadt. Der König von Preußen, Friedrich Wilhelm IV., hatte die Petitionen, die auf ihn einströmten, zuerst mit verdrießlichem Schweigen empfangen. Er hatte seinen unumstößlichen Entschluss, niemals eine konstitutionelle Beschränkung seiner Königsgewalt zuzulassen, noch vor kurzem so ausdrücklich, ja so herausfordernd kundgegeben, dass der Gedanke, einer drängenden Volkslaune Zugeständnisse zu machen, die seiner Meinung nach nur der Ausfluss eines durchaus freien Königswillens sein sollten, ihm schier unfasslich war. Aber von Tag zu Tag gestaltete sich die Lage drohender. (…) Auch die Berliner Stadtverordneten, von der steigenden Strömung ergriffen, nahten dem Thron mit einer Adresse, die der König, wie es hieß, gnädig aufnahm; aber seine Antwort war immer noch zu ausweichend und unbestimmt, als dass sie die Bittsteller hätte beruhigen können. Mittlerweile gab es blutige Zusammenstöße zwischen dem Volk, das in Massen auf den Straßen und öffentlichen Plätzen wogte, und dem Militär, das zur Verstärkung der Polizeimacht herangezogen war. Ein Kaufmann und ein Student wurden in einem solchen Getümmel von Soldaten getötet und mehrere Personen, darunter einige Frauen, verwundet. Die durch diese Vorfälle erregte bittere Stimmung wurde einigermaßen beschwichtigt durch das Gerücht, dass sich der König endlich zu wichtigen Zugeständnissen entschlossen habe, die am 18. März öffentlich verkündigt werden sollten. Er hatte sich in der Tat zu einem Erlass verstanden, durch den die Pressezensur als abgeschafft erklärt und die Aussicht auf weitere liberale Reformen und auf eine der nationalen Einheit günstige Regierungspolitik eröffnet werden sollte.

Am Nachmittag des verhängnisvollen 18. März versammelte sich eine ungeheure Volksmasse auf dem freien Platz vor dem königlichen Schloss, um die glückliche Verkündung zu hören. Der König erschien auf dem Balkon und wurde mit begeisterten Zurufen begrüßt. Er versuchte zur Menge zu sprechen, konnte aber nicht gehört werden. Doch da man allgemein glaubte, dass alle Forderungen des Volks bewilligt seien, so war man bereit zu einem Jubelfest. Da erhob sich ein Ruf, die Entfernung der Truppen fordernd, die um das Schloss her aufgestellt waren und den König von seinem Volk zu trennen schienen. Offenbar erwarteten die Versammelten, dass auch dieses Verlangen gewährt werden würde, denn mit großer Anstrengung wurde ein Durchgang für die Truppen durch die dicht-gedrängte Menge eröffnet. Da erscholl ein Trommelwirbel, der jedoch zuerst für ein Signal zum Abzug der Truppen gehalten wurde. Aber statt abzuziehen, drangen nun Linien von Kavallerie und Infanterie auf die Menge ein, offenbar zu dem Zweck, den Platz vor dem Schloss zu säubern. Dann krachten zwei Schüsse von der Infanterie her, und nun wechselte die Szene plötzlich und furchtbar wie mit Zauberschlag.

Mit dem wilden Schrei: »Verrat! Verrat!« stob die Volksmasse, die noch einen Augenblick vorher dem König zugejubelt hatte, auseinander, sich in die nächsten Straßen stürzend, und allenthalben erscholl der zornige Ruf: »Zu den Waffen! Zu den Waffen!« Bald waren in allen Richtungen die Straßen mit Barrikaden gesperrt. Die Pflastersteine schienen von selbst aus dem Boden zu springen und sich zu Brustwehren aufzubauen, auf denen dann schwarzrotgoldene Fahnen flatterten – und hinter ihnen Bürger aus allen Klassen, Studenten, Kaufleute, Künstler, Arbeiter, Doktoren, Advokaten, hastig bewaffnet mit dem, was eben zur Hand war: Kugelbüchsen, Jagdflinten, Pistolen, Spießen, Säbeln, Äxten, Hämmern usw. Es war ein Aufstand ohne Vorbereitung, ohne Plan, ohne System. Jeder schien nur dem allgemeinen Instinkt zu folgen. Dann wurden die Truppen zum Angriff befohlen. Wenn sie nach heißem Kampf eine Barrikade genommen hatten, so starrte ihnen eine andere entgegen – und wieder eine und noch eine. Und hinter den Barrikaden waren die Frauen beschäftig, den Verwundeten beizustehen und die Kämpfenden mit Speise und Trank zu stärken, während kleine Knaben eifrig dabei waren, Kugeln zu gießen oder Gewehre zu laden. Die ganze schreckliche Nacht hindurch donnerten die Kanonen und knatterte das Gewehrfeuer in den Straßen der Stadt.

Der König schien zuerst entschlossen zu sein, den Aufstand um jeden Preis niederzuschlagen. Aber als die Straßenschlacht nicht enden wollte, kam ihm ihre furchtbare Bedeutung peinlich zum Bewusstsein. Mit jedem einlaufenden Bericht stieg seine qualvolle Aufregung. In einem Augenblick gab er Befehl, den Kampf abzubrechen, im nächsten, ihn fortzusetzen.

Endlich kurz nach Mitternacht schrieb er mit eigener Hand eine Proklamation: »An meine lieben Berliner«. Er sagte darin, dass das Abfeuern der beiden Schüsse, das die Aufregung hervorgerufen habe, ein bloßer Zufall gewesen sei, dass aber »eine Rotte von Bösewichtern, meist aus Fremden bestehend«, durch trügerische Entstellung dieses Vorfalles gute Bürger getäuscht und zu diesem entsetzlichen Kampf verführt hätte. Dann versprach er, die Truppen zurückzuziehen, sobald die Aufständischen die Barrikaden fortgeräumt haben würden, und schloss mit diesen Sätzen: »Hört die väterliche Stimme Eures Königs, Bewohner meines treuen und schönen Berlins, und vergesst das Geschehene, wie Ich es vergessen will und werde in meinem Herzen, um der großen Zukunft willen, die unter dem Friedenssegen Gottes für Preußen und durch Preußen für Deutschland anbrechen wird. Eure liebreiche Königin und wahrhaft treue Mutter und Freundin, die sehr leidend darniederliegt, vereint ihre innigen tränenreichen Bitten mit den Meinen. Friedrich Wilhelm.« Aber die Proklamation verfehlte ihren Zweck. Sie war von Kanonendonner und Musketenfeuer begleitet, und die kämpfenden Bürger nahmen es übel, vom König eine »Rotte von Bösewichtern oder deren leichtgläubige Opfer« genannt zu werden.

Endlich am Nachmittag von Sonntag, den 19. März, als General Möllendorff[14] von den Aufständischen gefangen genommen worden, wurde der Rückzug der Truppen angeordnet.

Es wurde Friede gemacht mit dem Verständnis, dass die Armee Berlin verlassen und dass Preußen Pressefreiheit und eine Konstitution haben solle auf breiter demokratischer Grundlage. Nachdem das Militär aus Berlin abmarschiert war, geschah etwas, das an wuchtigem dramatischem Interesse wohl niemals in der Geschichte der Revolution übertroffen worden ist. Stille, feierliche Züge von Männern, Frauen und Kindern bewegten sich dem königlichen Schloss zu.

Die Männer trugen auf ihren Schultern Bahren mit den Leichen der in der Straßenschlacht getöteten Volkskämpfer – die verzerrten Züge und die klaffenden Wunden der Gefallenen unbedeckt, aber mit Lorbeer, Immortellen und Blumen umkränzt. So marschierten diese Züge langsam und schweigend in den inneren Schlosshof, wo man die Bahren in Reihen stellte – eine grausige Leichenparade –, und dazwischen die Männer, teils noch mit zerrissenen Kleidern und pulvergeschwärzten und blutbefleckten Gesichtern und in den Händen die Waffen, mit denen sie auf den Barrikaden gekämpft; und bei ihnen Weiber und Kinder, die ihre Toten beweinten. Auf den dumpfen Ruf der Menge erschien Friedrich Wilhelm IV. in einer oberen Galerie, blass und verstört, an seiner Seite die weinende Königin. »Hut ab!« hieß es, und der König entblößte sein Haupt vor den Leichen da unten. (...)

14 Karl von Möllendorff (1791–1860) hatte im März 1848 den Auftrag, mit seiner Infanterie das Berliner Schloss zu schützen.

Dies war in der Tat für den König eine furchtbare Strafe; aber zugleich eine schlagende Antwort auf den Satz in seiner Proklamation an die »lieben Berliner«, in dem er die Volkskämpfer eine Rotte von Bösewichtern oder deren verführte Opfer genannt hatte. Wären wirklich solche Bösewichter oder Anarchisten, in der jetzigen Bedeutung des Wortes, in jener Menge gewesen, so würde Friedrich Wilhelm IV. schwerlich die schreckliche Stunde überlebt haben, als er allein und schutzlos dastand und vor ihm die Volkskämpfer frisch vom Schlachtfeld mit dem vom Anblick ihrer Toten geweckten Groll im Herzen und mit Waffen in ihren Händen. (...)

Der Prinz von Preußen, derselbe Prinz von Preußen, der später im Laufe der Ereignisse als Kaiser Wilhelm I. der populärste Monarch seiner Zeit wurde, musste unmittelbar nach dem Straßenkampf vor dem Zorn des Volkes fliehen. Ob mit Recht oder Unrecht, das Gerücht bezeichnete ihn als den Mann, der den Truppen den Befehl gegeben habe, auf das Volk zu feuern. Er verließ Berlin während der Nacht und eilte nach England. Ein aufgeregter Haufen sammelte sich vor seinem Palais Unter den Linden. Das Gebäude hatte keinerlei Wache zu seinem Schutz. Ein Student, wie erzählt wird, malte das Wort »Nationaleigentum« auf die Front des Hauses, und eine weitere Bewachung war nicht vonnöten.

Aus dem Zeughause wurden Waffen unter das Volk verteilt. Der König erklärte, er habe sich überzeugt, dass der Friede und die Sicherheit der Stadt nicht besser beschützt werden könnten als durch die Bürger selbst. Am 21. März erschien Friedrich Wilhelm IV. wieder unter dem Volk, zu Pferde, mit einer schwarzrotgoldenen Binde um den Arm und einer schwarzrotgoldenen Fahne folgend, die man auf sein Verlangen vor ihm hertrug, während ein gewaltiges schwarzrotgoldenes Banner im selben Augenblick auf der Kuppel des Königsschlosses erschien. Er sprach mit freier Ungebundenheit zu den Bürgern. Er erklärte, er wolle sich an die Spitze der Bewegung für ein einiges Deutschland stellen, Preußen solle in dem freien Deutschland aufgehen. Er beteuerte, dass er nichts im Auge habe als ein konstitutionelles und geeinigtes Deutschland. (...) Es war allgemein verstanden, dass ein neues und verantwortliches Ministerium gebildet worden sei, bestehend aus Mitgliedern der liberalen Opposition; dass eine preußische Nationalversammlung berufen werden sollte, eine frei gewählte, um dem Königreich Preußen eine Verfassung zu geben, und dass von dem Volk aller deutschen Staaten ein deutsches Nationalparlament gewählt werden und sich in Frankfurt versammeln sollte, um das ganze Deutschland unter einer konstitutionellen Nationalregierung zu vereinigen. Das Volk von Berlin war außer sich vor Freude. (...)

Die Helden, die für die große Sache der politischen und sozialen Freiheit gestritten und sie uns durch ihre todesmutige Hingebung erkämpft haben, wie der Magistrat von Berlin in einer Proklamation die im Straßenkampf Gefallenen nannte, wurden von 20 000 Bürgern im feierlichen Zug zum Begräbnis im Friedrichshain begleitet, und der König stand auf dem Balkon mit entblößtem Haupt, als die Särge das Königsschloss passierten.

Dies war die große Kunde, die von Berlin aus über das ganze Land ging. So schien die Sache der bürgerlichen Freiheit einen entschiedenen Sieg gewonnen zu haben. Die Könige und Fürsten, zuvorderst der König von Preußen, hatten feierlich gelobt, dieser Sache zu dienen. Der Jubel des Volkes kannte keine Grenzen.

Seit dem Deutsch-Französischen Krieg von 1870 und der Errichtung des neuen deutschen Kaiserreichs hat man sich in Deutschland vielfach daran gewöhnt, das Jahr 1848 das »tolle Jahr« zu nennen und die Gedankenlosigkeit zu verspotten, mit welcher damals großartige Programme entworfen, umfassende Forderungen gestellt, weitausschauende Bewegungen ins Werk gesetzt und dann grausamen Enttäuschungen und Katastrophen entgegengeführt wurden. Verdient das deutsche Volk von 1848 solchen Spott? Wahr ist, dass die Repräsentanten des Volksgeistes jener Zeit nicht verstanden, mit den bestehenden Verhältnissen zu rechnen und eine siegreich und hoffnungsvoll begonnene Bewegung zu dem gewünschten Ende zu führen. Ebenso wahr ist es, dass dadurch jene Bewegung zerfahren und in manchen Dingen fantastisch erschien. Aber wen sollte das jetzt noch, im Rückblick gesehen, wundernehmen? Hier war ein Volk, das, obgleich in Wissenschaft, Philosophie, Literatur und Kunst hoch entwickelt, in politischen Dingen unter strenger Vormundschaft gelebt hatte. Dieses Volk hatte nur aus der Ferne beobachten können, wie andere Nationen ihr Selbstbestimmungsrecht oder ihren tätigen Anteil an der Regierung ausübten, und diese fremden Nationen hatte es bewundern und vielleicht beneiden gelernt. Es hatte das Wirken freier Institutionen in Büchern studiert und in Zeitungsberichten verfolgt, sich nach dem Besitz solcher Institutionen gesehnt und nach ihrer Einführung im eigenen Lande gestrebt. Aber bei all diesem Beobachten, Lernen, Sehnen und Streben hatte das herrschende Bevormundungssystem es von aller Erfahrung in der Ausübung des politischen Selbstbestimmungsrechts ausgeschlossen. Es hatte nicht praktisch lernen dürfen, was die politische Freiheit tatsächlich sei. Es hatte die Lehren, welche aus dem Gefühl der Verantwortlichkeit im politischen Handeln entspringen, nie empfangen. Freie Staatseinrichtungen lagen außerhalb seiner Lebensgewohnheiten; sie waren ihm nur abstrakte Begriffe, über die der Gebildete und ernsthaft Denkende politisch-philosophische Spekulationen anstellte, während sie dem Ungebildeten oder Oberflächlichen nur politische Stichworte lieferten, in deren Gebrauch sich die Unzufriedenheit mit dem Bestehenden gefiel.

Plötzlich, nach langer innerer Gärung einem fremden Anstoß folgend, erhob sich dieses Volk. Seine Fürsten gestanden ihm alles zu, was sie ihm früher verweigert, und es sah sich im vollen Besitz einer ungewohnten Macht. Ist es zu verwundern, dass die überraschende Wandlung manchen verworrenen Wunsch und manche ziellose Bestrebung hervorbrachte? Wäre es nicht wunderbarer gewesen, hätte das Volk, bestimmter erreichbarer Zwecke sich wohl bewusst, zu deren Erfüllung mit sicherem Blick die richtigen Mittel gefunden und zugleich eine weise Wertschätzung dessen gezeigt, was es in den bestehenden Verhältnissen Gutes gab? Erwarten wir, dass der Bettler, der plötzlich zum Millionär wird, sogleich von seinem ungewohnten Reichtum den besten Gebrauch zu machen verstehe? Und doch kann nicht von der großen Mehrheit des deutschen Volkes gesagt werden, dass sie, wie allgemein auch die Unklarheit ihrer politischen Begriffe gewesen sein mag, in der revolutionären Bewegung des Jahres 1848 der Hauptsache nach etwas Unvernünftiges oder Unerreichbares verlangt hätte. Vieles von dem, was damals angestrebt wurde, ist ja seither verwirklicht worden. Die im Jahre 1848 begangenen Irrtümer betrafen mehr die angewendeten Mittel als die vorgesteckten Ziele. Und die größten dieser Irrtümer entsprangen aus der kindlichen Vertrauensseligkeit, mit der man die vollständige Erfüllung all der den Königen und Fürsten, besonders dem König von Preußen, mit Gewalt abgerungenen Versprechen erwartete. Es ist müßig, sich in Spekulationen zu ergehen über das, was hätte sein können, wenn das, was war, anders gewesen wäre. Aber eins ist doch gewiss: Hätten die Fürsten, unbeirrt von den Umtrieben der reaktionären Parteien auf der einen und von gelegentlichen Exzessen auf der anderen Seite, mit unentwegter Treue und mit Aufbietung all ihrer Macht das getan, was sie dem Volk in den Märztagen Ursache gegeben hatten, von ihnen zu erwarten, so würden die wesentlichsten der im Jahre 1848 angestrebten Ziele sich als damals schon durchaus erreichbar erwiesen haben. Dass man im Vollgenuss des Völkerfrühlings, welchem sich das Volk mit solcher Gefühlswollust hingab, dieses Vertrauen hegte, statt sich gegen die Reaktion, die vorauszusehen war, die nötigen Garantien zu sichern, war wohl nicht klug, aber diese Unklugheit entsprang aus keiner unedlen Quelle. Sicherlich tut man dem deutschen Volk Unrecht, wenn man die Misserfolge der Jahre 1848 und 49 hauptsächlich auf seiner Führer Rechnung schreibt.

Was aber dem deutschen Volk die Erinnerung an den Frühling 1848 besonders wert machen sollte, ist die begeisterte Opferwilligkeit für die große Sache, die damals mit seltener Allgemeinheit fast alle Gesellschaftsklassen durchdrang. Das ist eine Stimmung, die, wenn sie auch zuweilen fantastische Übergriffe veranlassen mag, ein Volk in sich selbst achten, deren es sich gewiss nicht schämen soll. Es wird mir warm ums Herz, sooft ich mich in jene Tage zurückversetze. Ich kannte in meiner Umgebung viele redliche Männer, Gelehrte, Studierende, Bürger, Bauern, Arbeiter, mit oder ohne Vermögen, mehr oder minder auf ihre tägliche Arbeit angewiesen, um sich und ihren Angehörigen einen anständigen Lebensunterhalt zu sichern (...); aber damals jeden Augenblick bereit, Stellung, Besitz, Aussichten, Leben, alles in die Schanze zu schlagen für die Freiheit des Volks und für die Ehre und Größe des Vaterlandes. Man respektierte den, der bereit war, sich für eine gute und große Idee totschlagen zu lassen. Und wer immer, sei es Individuum oder Volk, Momente solch opferwilliger Begeisterung in seinem Leben gehabt hat, der halte die Erinnerung in Ehren.

Ich fand mich bald, ohne dass es meine Absicht gewesen wäre, unter den Studenten in eine ins Auge fallende Stellung vorgeschoben, und zwar durch die erste Rede, die ich in meinem Leben gehalten habe. Es wurde eine Studentenversammlung nach der Aula der Universität berufen – ich weiß nicht mehr, zu welchem speziellen Zweck. Professor Ritschl, unser erster Philologe und damals, wenn ich mich recht erinnere, Dekan der philosophischen Fakultät – ein sehr angesehener und beliebter Mann –, führte den Vorsitz. Der Saal war gedrängt voll, und ich stand mitten unter der Menge. Über den Gegenstand, der zur Verhandlung kam, hatte ich viel nachgedacht und mir eine Meinung gebildet; aber ich war nicht zur Versammlung gegangen mit dem Vorsatz, an der Debatte teilzunehmen. Da hörte ich einen Redner etwas sagen, das meiner Ansicht stark entgegen war und mich aufregte. Einem plötzlichen Impuls folgend, verlangte ich das Wort und fand mich im nächsten Augenblick zur Versammlung sprechend. Ich habe mir später nie wieder genau das zurückrufen können, was ich sagte. Ich erinnere mich nur, dass ich mich in einem mir bis dahin unbekannten nervösen Zustand befunden, dass ich am ganzen Leibe gebebt, dass mir Gedanken und Worte in einem ununterbrochenen Strome zugeflossen, dass ich mit ungestümer Schnelligkeit gesprochen und dass der darauffolgende Beifall mich fast wie aus einem Traume aufgeweckt hatte. Das war meine erste öffentliche Rede. Als die Versammlung sich aufgelöst hatte, traf ich am Ausgang mit Professor Ritschl zusammen. Da ich Vorlesungen bei ihm hörte, so kannte er mich. Er legte mir die Hand auf die Schulter und fragte:

»Wie alt sind Sie denn?«

»Neunzehn Jahre.«

»Das ist schade«, antwortete er. »Man wird nun bald ein Nationalparlament wählen, und Sie sind noch zu jung, um ein Mitglied davon zu werden.« Ich wurde rot bis über die Ohren. Dass ich Mitglied eines Parlaments werden könne – zu einer solchen Hoffnung hatte sich mein Ehrgeiz noch nicht verstiegen. Ich fürchtete, der Professor habe sich einen Spaß mit mir erlaubt. (...)

Während der Jubel über die Märzerrungenschaften zuerst allgemein zu sein schien und selbst die Anhänger der absoluten Königsgewalt gute Miene zum bösen Spiel machten, begann doch sehr bald die Zersetzung in verschiedene Parteigruppen zwischen denjenigen, denen es hauptsächlich um die Herstellung der Ordnung und Autorität zu tun war – den Konservativen; denjenigen, die dem langsamen

Fortschritt huldigten und eine dem gemäße Verfassung wünschten – den Konstitutionellen; und denjenigen, welche die Sicherung der Revolutionsfrüchte nur in einem Aufbau der neuen Zustände auf weitester demokratischer Grundlage sehen konnten – den Demokraten. Mich führte sowohl instinktiver Trieb als Überlegung auf die demokratische Seite. Da traf ich wieder mit Kinkel zusammen, und unsere Freundschaft wurde bald eine sehr intime. Im Laufe unserer gemeinschaftlichen Tätigkeit wich das steifere Verhältnis zwischen Lehrer und Schüler einem durchaus kameradschaftlichen Ton und das formelle Sie in der Anrede dem vertraulichen Du.

Nun begann eine eifrige Agitationstätigkeit, die uns fast ganz in Anspruch nahm. Kinkel, der eine außerordentliche Arbeitskraft besaß und sehr fleißig war, hielt freilich noch seine Vorlesungen, und ich hörte diejenigen, die ich belegt hatte, mit ziemlicher Regelmäßigkeit, aber mein Herz war nicht dabei wie früher. Umso eifriger studierte ich für mich neuere Geschichte, besonders die Geschichte der Französischen Revolution, und las eine Menge von philosophisch-politischen Werken und von Pamphleten und Zeitschriften jüngsten Datums, welche die Probleme des Tages zum Gegenstand hatten. Auf diese Weise suchte ich meine politischen Begriffe zu klären und die sehr großen Lücken meiner geschichtlichen Kenntnisse notdürftig auszufüllen, ein Bedürfnis, das ich umso lebhafter empfand, als ich meine agitatorische Arbeit für eine heilige Pflicht ansah. Diese Arbeit war in der Tat nicht gering. Zuerst organisierten wir einen demokratischen Klub, aus Bürgersleuten und Studenten bestehend, der in einem von Professor Löbell, einem sehr geistvollen Mann, geleiteten konstitutionellen Klub einen nicht zu verachtenden Rivalen hatte. Dann wurde als örtliches Organ der demokratischen Partei die »Bonner Zeitung« gegründet, ein täglich erscheinendes Blatt, deren Redaktion Kinkel übernahm, während ich als regelmäßiger Mitredakteur fungierte und täglich einen oder mehrere Artikel zu liefern hatte. Und schließlich wanderten wir ein- oder mehrmals jede Woche, in der Tat, sooft wir Zeit fanden, nach den umliegenden Ortschaften hinaus, um den Landleuten das politische Evangelium der neuen Zeit zu predigen und auch dort demokratische Vereine zu organisieren. Unzweifelhaft förderte der neunzehnjährige Journalist und Volksredner sehr viel unverdautes Zeug zutage, aber er glaubte aufrichtig und heiß an seine Sache und würde jeden Augenblick bereit gewesen sein, für das, was er sagte und schrieb, sein Herzblut einzusetzen.

Meine Tätigkeit in dieser Richtung hätte kurz nach ihrem Anfang beinahe ein jähes Ende gefunden. Schon lange vor dem Ausbruch der Märzrevolution hatte das Volk der Herzogtümer Schleswig und Holstein große Anstrengungen gemacht, unter einer Personalunion mit Dänemark eine politisch-selbstständige Existenz zu gewinnen. Im März 1848 brach dort ein allgemeiner Aufstand aus, dessen Zweck es war, diese selbstständige Stellung zu sichern und nicht allein Holstein, sondern auch Schleswig zu einem Teil des deutschen Bundesgebietes zu machen. Diese Erhebung fand in ganz Deutschland die lebhafteste Sympathie, und an verschiedenen Orten wurden Aufrufe zur Bildung von Freikorps erlassen, um durch bewaffneten Zuzug das Volk der Herzogtümer gegen die Dänen zu unterstützen. Besonders an den Universitäten fanden diese Aufrufe sofortigen Anklang, und Studenten in nicht geringer Zahl zogen nach Schleswig-Holstein, um sich dort in die Freikorps einreihen zu lassen. Mein erster Impuls war, dasselbe zu tun. Ich war bereits allen Ernstes mit den Vorbereitungen dazu beschäftigt, als Kinkel mich überredete, von meinem Vorsatz abzusehen, da die Befreiung Schleswig-Holsteins von dem dänischen Joch vom deutschen Parlament und von den deutschen Regierungen als eine nationale Sache anerkannt werde und die dort einrückenden preußischen und anderen Bundestruppen viel besser geeignet seien, den Krieg zu führen, als lose organisierte und wenig eingeübte Freischaren. Auch verhehlte er mir nicht, dass es ihm sehr darum zu tun sei, mich bei sich in Bonn zu behalten, wo ich, wie er mich zu überzeugen suchte, durch agitatorische Arbeit dem Vaterlande viel bessere Dienste leisten könne. In der Tat schlug sich das in Schleswig-Holstein organisierte Studentenkorps recht brav, war aber der überlegenen Disziplin und Taktik der dänischen Truppen gegenüber allerlei schlimmen Zufällen ausgesetzt, so dass seine Leistungen zu den von seinen Mitgliedern gebrachten Opfern in keinem Verhältnis standen. (...)

Die politische Feststimmung, die unmittelbar nach der Märzrevolution alles in so rosigem Licht erscheinen ließ, begann bald, sich zu verdunkeln. In Süddeutschland, wo die Meinung Boden fasste, dass die Revolution nicht hätte vor den Thronen stillstehen sollen, fand ein republikanischer Aufstand statt unter der Führung des brillanten und ungestümen Volksführers Hecker[15]. Dieser Aufstand wurde

15 Siehe den Friedrich Hecker-Band dieser Edition.

schnell mit Waffengewalt unterdrückt. Im Ganzen fanden solche Versuche im Lande zuerst wenig Sympathie. Die allgemeinen Wünsche der liberalen Massen gingen nicht hinaus über die Herstellung der nationalen Einheit und die konstitutionelle Monarchie auf breiter demokratischer Grundlage. Aber der republikanische Gedanke verbreitete sich und gewann Stärke, wie die Reaktion eine mehr und mehr drohende Gestalt annahm.

Das Nationalparlament in Frankfurt, das im Frühling gewählt worden war, um die Souveränität der deutschen Nation in einer nationalen Regierung zu verkörpern, zählte unter seinen Mitgliedern eine Menge von Berühmtheiten auf den Feldern der Politik, Jurisprudenz, Philosophie, Wissenschaft und Literatur. Es zeigte sich bald eine Neigung, mit glänzenden, aber mehr oder minder fruchtlosen Debatten einen großen Teil der Zeit zu vergeuden, die dazu hätte verwandt werden sollen, durch promptes und entschiedenes Handeln die Errungenschaften der Revolution unter Dach und Fach zu bringen und so gegen feindliche Angriffe zu sichern.

Aber unsere Blicke waren mit noch größerer Sorge auf Berlin gerichtet. Preußen war bei weitem der stärkste unter den ganz deutschen Staaten. Österreich bildete dagegen ein Konglomerat von verschiedenen Nationalitäten – Deutsche, Magyaren, Slawen, Italiener. Das deutsche Element, zu dem die Dynastie und die politische Hauptstadt gehörten, war bis dahin das führende gewesen, wie es auch das fortgeschrittenste an Reichtum und Zivilisation war, wenn auch nicht das stärkste an Zahl. Aber die Slawen, die Magyaren und die Italiener, besonders angeregt durch die revolutionären

Bewegungen von 1848, strebten nach nationaler Autonomie; und obgleich Österreich in den letzten Jahrhunderten des alten deutschen Reichs und dann auch nach den napoleonischen Kriegen die Führerstelle eingenommen hatte, so war es doch sehr zweifelhaft, ob seine nichtdeutschen Interessen mit einer ähnlichen Stellung in dem unter einer konstitutionellen Regierung vereinigten Deutschland verträglich sein würden. Tatsächlich zeigte es sich später, dass die gegenseitige Eifersucht der verschiedenen Nationalitäten die österreichische Zentralregierung in den Stand setzte, jede dieser Nationalitäten durch die anderen einem despotischen Regiment zu unterwerfen, und dass trotz allem, was die Märzrevolution versprochen, die nichtdeutschen Interessen und die der Dynastie in der Politik Österreichs die vorherrschenden waren. Aber Preußen war, einen kleinen polnischen Distrikt ausgenommen, ein rein deutsches Land und bei weitem der stärkste unter den deutschen Staaten im Punkte der Volkszahl, der fortschrittlichen Tendenzen, der wirtschaftlichen Tätigkeit und besonders der militärischen Wehrkraft. Man fühlte daher allgemein, dass die Entwicklung in Preußen für das Schicksal der Revolution entscheidend sein würde.

Eine Weile schien sich Friedrich Wilhelm IV. zu gefallen in der Rolle des Führers der nationalen Bewegung, die er im Sturm und Drang der Märztage auf sich genommen hatte. Seine bewegliche Natur schien von einem neuen Enthusiasmus erwärmt zu sein. Er machte Spaziergänge auf den Straßen Berlins und redete vertraulich mit den Leuten. Er sprach von der Durchführung von konstitutionellen Regierungsprinzipien wie von einer Sache, die sich von selbst verstehe. (...) Er verordnete, dass die Armee die schwarzrotgoldene

Kokarde zugleich mit der preußischen tragen solle. Auf dem Paradeplatz in Potsdam erklärte er den mürrischen Offizieren der Garde, dass er sich glücklich, frei und wohlbewahrt unter seinen Bürgern in Berlin fühle, dass er alles, was er gegeben und getan, aus voller freier Überzeugung gegeben und getan und dass darum keiner sich erdreisten möge, daran zu zweifeln. Aber als die preußische Nationalversammlung in Berlin zusammengetreten war und anfing, Gesetze zu beschließen und konstitutionelle Grundsätze zu betonen und im Geiste der Revolution in Regierungsgeschäfte einzugreifen, da öffnete sich das Ohr des Königs nach und nach anderen Einflüssen; und diese Einflüsse umgaben ihn umso bequemer, als er von Berlin nach seinem Potsdamer Palast hinüberzog. Damit hörte des Königs unmittelbare Berührung mit dem Volk auf; seine Gespräche mit den neuen liberalen Ministern beschränkten sich auf kurze und formelle Audienzen, und Stimmen, die an alte Sympathien, Vorurteile und Wünsche erinnerten, waren stets seinem Ohr am nächsten.

Da war zuerst die Armee, von jeher das Schoßkind der Hohenzollern, jetzt voll von verhaltenem Grimm über die Schande, die ihr geworden durch den Abzug von Berlin nach dem Straßenkampf, und dürstend nach Rache und der Wiederherstellung ihres alten Prestiges. Da war der Hofadel, dessen Geschäft es immer gewesen war, dem Herrscher zu schmeicheln und die eigene Wichtigkeit durch die erhöhte Glorie seiner Person zu vergrößern. Da war der Landadel, das Junkertum, dessen feudale Vorrechte durch den Geist der Revolution theoretisch geleugnet und durch die gesetzgeberische Aktion der Volksvertreter praktisch verkürzt wurden und der es sich nun angelegen sein ließ, des Königs Stolz anzustacheln. Da war die alte Bürokratie, deren Macht durch die Revolution gebrochen worden, obgleich das Personal so ziemlich dasselbe geblieben war, und die sich jetzt bemühte, ihre alte Machtstellung wiederzugewinnen. Da war der altpreußische Geist, der allen nationalen Bestrebungen, die das Prestige und die Wichtigkeit des spezifischen Preußentums zu schmälern drohten, feindlich war und der in den Marken und den östlichen Provinzen nicht unbeträchtliche Stärke besaß.

All diese Einflüsse, die im Volksmund gemeinhin als die Reaktion bezeichnet wurden, wirkten zusammen, um den König von der Bahn, die er in den Märztagen betreten, abzuwenden, mit der Hoffnung, ihn zur möglichst vollständigen Wiederherstellung der alten Ordnung der Dinge benutzen zu können – wohl wissend, dass, wenn sie ihn kontrollierten, sie durch ihn die preußische Armee kontrollieren würden, und in dieser Armee eine ungeheure, vielleicht entscheidende Macht in den Kämpfen der Zukunft. Und diese Reaktion wurde sehr gekräftigt durch eine schlaue Ausbeutung gelegentlicher Straßenexzesse, die in Berlin vorkamen – Exzesse, die in einem freien Land wie England oder Amerika wohl verschärfte Polizeimaßregeln veranlassen, aber keinen vernünftigen Menschen hinreichend beunruhigen würden, um die Durchführbarkeit der bürgerlichen Freiheit oder konstitutioneller Regierungsprinzipien in Frage zu stellen. Aber diese Vorkommnisse wurden in Preußen emsig dazu benutzt, um die furchtsamen Seelen des Bürgertums mit dem Gespenst allgemeiner Anarchie zu schrecken und den König zu überzeugen, dass die Wiederherstellung einer möglichst unumschränkten Königsgewalt zur Aufrechterhaltung von Gesetz und Ordnung durchaus nötig sei.

Auf der anderen Seite wirkte das augenscheinliche Wachstum der Reaktion dahin, diejenigen, denen es um nationale Einheit und konstitutionelle Regierung auf demokratischer Grundlage am ernstlichsten zu tun war, radikaleren Tendenzen mehr und mehr zugänglich zu machen.

Die Wirkung des raschen Fortschritts dieser Reaktion machte sich auch in meiner Umgebung wohl bemerklich. Die Mitgliederschaft unseres demokratischen Vereins bestand so ziemlich zu gleichen Hälften aus Bürgersleuten und Studenten. Unter den Bürgersleuten taten sich besonders hervor ein Kaufmann namens Anselm Unger, ein Mann von nicht außerordentlichen, aber doch anständigen Fähigkeiten, gutem Charakter und einigem Vermögen; ferner ein Schankwirt namens Friedrich Kamm, der früher Bürstenmacher gewesen war, auch ein Mann unbescholtenen Rufs; aber er gehörte, wenigstens seiner Redeweise nach, zu den grimmen Revolutionären, wie sie sich in der Französischen Revolution unter den Terroristen fanden, zu den Blutig-Unversöhnlichen, die nicht zufrieden sein wollten, bis der letzte Fürst und der letzte Aristokrat mit den Gedärmen des letzten Pfaffen erdrosselt wäre usw. – Unter den Studenten gehörten mein Freund Adolf Strodtmann, Ludwig Meier, ein Mediziner, eine brave, enthusiastische Natur, und ein Westfale namens Brüning, der sich durch eine ungewöhnliche Redegabe auszeichnete, aber nach einigen Monaten aus unseren Reihen verschwand, zu den eifrigsten. Kinkel war der anerkannte Führer des Klubs, und ich nahm einen Sitz im Exekutivausschuss ein. Anfangs wäre uns eine konstitutionelle Monarchie mit allgemeinem Stimmrecht und wohlgesicherten bürgerlichen Freiheiten vollkommen genügend gewesen. Aber die Reaktion, deren drohendes Aufsteigen wir beobachteten, brachte uns bald zu dem Glauben, dass es für die Freiheit keine Sicherheit gebe als in der Republik. Von dieser Überzeugung war es nur ein Schritt bis zu dem weiteren Glauben, dass in der Republik und nur in der Republik die Heilung aller Schäden des Gemeinwesens, die Lösung aller politischen und sozialen Probleme zu finden sei. Der Idealismus, der in dem republikanischen Staatsbürger die höchste Verkörperung der Menschenwürde sah, war in uns durch das Studium des klassischen Altertums genährt worden, und über alle Zweifel, ob und wie die Republik in Deutschland eingeführt und inmitten des europäischen Staatensystems behauptet werden könne, half uns die Geschichte der Französischen Revolution hinweg. Dort fanden wir ja, wie das scheinbar Unmögliche geleistet werden kann, wenn nur die ganze in einer großen Nation ruhende Energie geweckt und mit der erforderlichen Kühnheit gehandhabt wird. Vor dem wilden Terrorismus, welcher die nationale Erhebung in Frankreich mit Strömen unschuldigen Bluts befleckte, schraken wohl die meisten von uns zurück. Aber wir hofften, auch ohne solche Extreme fertig werden zu können, und die Geschichte der Französischen Revolution lieferte uns immerhin Vorbilder genug, denen wir folgen zu dürfen glaubten und die unsere Fantasie lebhaft erregten. Wie verführerisch solches Fantasiespiel ist, waren wir uns natürlich nicht bewusst. Wie es gewöhnlich geht, suchten wir zuerst unsere Vorbilder in gewissen Äußerlichkeiten nachzuahmen, und so wurde, um den Grundsatz der bürgerlichen Gleichheit unter den Mitgliedern unseres Klubs zu versinnlichen, die Regel eingeführt, dass es für alle, wie verschieden auch ihre Lebensstellungen sein mochten, in den Verhandlungen des Vereins nur einen Titel, eine Anrede geben solle, nämlich Bürger. So gab es denn keinen Herrn Professor Kinkel mehr, sondern nur einen Bürger Kinkel, Bürger Unger, Bürger Kamm, Bürger Schurz usw. Dass uns diese Spielerei seitens unserer Gegner mancherlei Spott zuzog, störte uns nicht. Uns war es ernstlich dabei zumute; wir meinten nur, durch die Einführung dieses Stiles der notwendigen politischen Entwicklung ihren Ton vorgezeichnet zu haben. (...)

Im Laufe des Sommers empfingen Kinkel und ich den Auftrag, unseren Klub bei einem Kongress demokratischer Vereine in Köln zu vertreten. Diese Versammlung, in der ich mich sehr schüchtern und durchaus schweigsam verhielt, ist mir dadurch merkwürdig geblieben, dass ich dort mehrere der hervorragenden Männer jener Zeit zuerst von Angesicht zu Angesicht sah, unter andern den Sozialistenführer Karl Marx. Er war damals dreißig Jahre alt und bereits das anerkannte Haupt einer sozialistischen Schule. Der untersetzte, kräftig gebaute Mann mit der breiten Stirn, dem pechschwarzen Haupthaar und Vollbart und den dunkel blitzenden Augen zog sofort die allgemeine Aufmerksamkeit auf sich. Er besaß den Ruf eines in seinem Fach sehr bedeutenden Gelehrten, und da ich von seinen sozialökonomischen Entdeckungen und Theorien äußerst wenig wusste, so war ich umso begieriger, von den Lippen des berühmten Mannes Worte der Weisheit zu sammeln. Diese Erwartung wurde in einer eigentümlichen Weise enttäuscht. Was Marx sagte, war in der Tat gehaltreich, logisch und klar. Aber niemals habe ich einen Menschen gesehen von so verletzender, unerträglicher Arroganz des Auftretens. Keiner Meinung, die von der seinigen wesentlich abwich, gewährte er die Ehre einer einigermaßen respektvollen Erwägung. Jeden, der ihm widersprach, behandelte er mit kaum verhüllter Verachtung. Jedes ihm missliebige Argument beantwortete er entweder mit beißendem Spott über die bemitleidenswerte Unwissenheit oder mit ehrenrühriger Verdächtigung der Motive dessen, der es vorgebracht. Ich erinnere mich noch wohl des schneidend höhnischen, ich möchte sagen, des ausspuckenden Tones, mit welchem er das Wort »Bourgeois« aussprach; und als Bourgeois, das heißt als ein unverkennbares Beispiel einer tiefen geistigen und sittlichen Versumpfung, denunzierte er jeden, der seinen Meinungen zu widersprechen wagte. Es war nicht zu verwundern, dass die von Marx befürworteten Anträge in der Versammlung nicht durchdrangen, dass diejenigen, deren Gefühl er durch sein Auftreten verletzt hatte, geneigt waren, für alles das zu stimmen, was er nicht wollte, und dass er nicht allein keine Anhänger gewonnen, sondern manche, die vielleicht seine Anhänger hätten werden können, zurückgestoßen hatte.

Ich brachte von dieser Versammlung eine wichtige Erfahrung mit mir nach Hause: dass, wer ein Führer oder ein Lehrer des Volkes sein will, seine Zuhörer mit Achtung behandeln muss; dass selbst der überlegenste Geist an Einfluss auf andere verlieren wird, wenn er diese durch fortwährende Demonstrationen seiner Überlegenheit zu demütigen sucht; dass man die Unwissenheit am leichtesten aufklären und gewinnen wird, wenn man sich nicht mit Herablassung, sondern mit Sympathie auf ihren Standpunkt stellt und von diesem aus das Räsonnement führt. Der wird schwer Anhänger gewinnen, der mit dem Satze beginnt: »Wer nicht so denkt wie ich, ist ein Esel oder ein Schuft oder beides zugleich.«

Im Ganzen war der Sommer 1848 für mich eine Zeit voll von Mühen und Sorgen. Die Zeitung, die agitatorische Tätigkeit in Klubs und Volksversammlungen und dabei meine Studien luden mir eine schwere Last von Arbeit auf, wobei – ich muss es gestehen – meine Studien mir keineswegs als die Hauptsache galten. Meine Sorgen drehten sich um die sichtbar und stetig wachsende Macht der Reaktion, um die durch das Nationalparlament und die Berliner Versammlung verscherzten Gelegenheiten, Festes zu schaffen, und das eigene Gefühl der Machtlosigkeit, auch nur als dienendes Glied zur Abwendung des drohenden Unheils etwas Wirksames beizutragen. Ich erinnere mich, ein drückendes Bewusstsein meiner Unwissenheit in politischen Dingen mit mir herumgetragen zu haben, was umso quälender wurde, je mehr ich die Notwendigkeit empfand, durch energische und verständige Agitation das Volk auf kommende Entscheidungskämpfe vorzubereiten.

Diese Tätigkeit hatte jedoch auch ihre heitere Seite, welcher der jugendliche Sinn keineswegs unzugänglich war. Wir Studenten erfreuten uns bei der Landbevölkerung einer sehr großen Popularität, und selbst seitens derjenigen, die nicht mit uns derselben politischen Richtung huldigten, ward uns allenthalben eine freundliche Aufnahme zuteil – nicht selten so freundlich, dass sich unsere Anwesenheit an dem Platz unserer agitatorischen Wirksamkeit zu einem fröhlichen Fest gestaltete. (...) So gab es denn patriotische Kneipereien genug und zuweilen auch nächtliche Auszüge bei Fackelschein (...) Die interessanteste Erinnerung dieser Art aus jener Zeit, die mir immer noch besonders lebhaft im Gedächtnis steht, ist die an den Studentenkongress in Eisenach, der im September 1848 stattfand und dem ich als Vertreter der Bonner Studentenschaft beiwohnte.

Es war dies die erste größere Reise meines Lebens. Bis dahin war ich niemals vom elterlichen Hause weiter entfernt gewesen, als man in einem Tage zu Fuß gehen oder in wenigen Stunden in einem Dampfboot fahren kann. Zum ersten Mal, an jenem heiteren sonnigen Septembertag, hatte ich den Vollgenuss einer Rheinreise auf der ganzen Strecke von Bonn nach Mainz, und ich gab mir Mühe, die beunruhigenden Gedanken abzuweisen, die durch allerlei verworrene Gerüchte von einem Aufruhr und Straßenkampf, der in Frankfurt im Gange sei, geweckt wurden. In der Tat fand ich diese Gerüchte abends bei meiner Ankunft in Frankfurt in erschütternder Weise bestätigt.

Der Aufstand in Frankfurt hing mit folgenden Ereignissen zusammen: Schon im Frühling 1848 war, wie bereits erwähnt, die Volkserhebung in Schleswig-Holstein gegen die dänischen Gewaltanmaßungen von dem Bundestag, dann vom Nationalparlament und von allen deutschen Einzelregierungen als eine deutschnationale Sache anerkannt worden. Preußische und andere Bundestruppen waren in die Herzogtümer eingerückt, hatten auf dem Schlachtfeld bedeutende Vorteile über die dänische Armee errungen und sich in Jütland festgesetzt. Alles versprach eine glückliche und baldige Beendigung des Krieges. Da überraschte die preußische Regierung, deren Haupt Friedrich Wilhelm IV. sich wie gewöhnlich von den europäischen Großmächten hatte einschüchtern lassen, die Welt mit einem im Namen des deutschen Bundes mit Dänemark abgeschlossenen Waffenstillstand, dem in der Geschichte jener Zeit übel-berüchtigten Waffenstillstand von Malmö. Es war darin vereinbart worden, dass die siegreichen deutschen Truppen sich aus Jütland und den Herzogtümern zurückziehen und dass die Herzogtümer selbst ihre eigene provisorische Landesregierung verlieren und dafür eine aus fünf Mitgliedern bestehende Kommission erhalten sollten, deren zwei von Dänemark, zwei von Preußen und der fünfte von den beiden kontrahierenden Mächten zusammen zu ernennen waren. Zugleich wurden alle seit den Märztagen von den schleswig-holsteinischen Autoritäten erlassenen Gesetze und Verordnungen für ungültig erklärt. Dieser Waffenstillstand rief in ganz Deutschland die größte Entrüstung hervor. Die Landesversammlung von Schleswig-Holstein protestierte. Das Nationalparlament in Frankfurt, das durch dieses Vorgehen Preußens die Ehre Deutschlands schwer geschädigt und seine eigene Autorität missachtet sah, beschloss am 5. September, den Waffenstillstand nicht anzuerkennen und die Sistierung der darin stipulierten Maßregeln zu verlangen. Aber nach verschiedenen vergeblichen Versuchen, auf Grund dieses Beschlusses ein neues Reichsministerium zu bilden, und sich vor dem Wagnis scheuend, die Autoritätsfrage zwischen ihm und Preußen auf die Spitze zu treiben, widerrief das Parlament am 16. September den Beschluss vom 5. mit der Erklärung, dass die Vollziehung des Waffenstillstandes von Malmö nun nicht mehr zu hindern sei. Diese Erklärung, welche den Sympathien des deutschen Volkes ins Gesicht zu schlagen schien, verursachte eine ungeheure Aufregung, deren sich die revolutionären Führer in Frankfurt und der Umgegend sogleich bemächtigten. Schon am nächsten Tage wurde auf der Pfingstweide bei Frankfurt eine große Volksversammlung gehalten. Aufregende Reden stachelten die Leidenschaften der Menge aufs äußerste an, und es wurden Beschlüsse gefasst, welche die Mitglieder der Majorität des Nationalparlaments als Hochverräter an der deutschen Nation brandmarkten. Von allen Seiten kamen Zuzüge bewaffneter Demokraten; man versuchte einen Gewaltstreich gegen das Parlament, um es zur Zurücknahme der verhassten Erklärung zu zwingen oder die als Hochverräter bezeichnete Majorität auszutreiben. Zwei hervorragende konservative Parlamentsmitglieder, der Graf Auerswald und der Prinz Lichnowsky, fielen den aufgeregten Volkshaufen in die Hände und wurden ermordet, und dann folgte ein Kampf in den Straßen von Frankfurt, in dem die Aufständischen bald den rasch herbeigezogenen Truppen unterlagen.

Als ich auf meinem Wege nach Eisenach in Frankfurt ankam, biwakierten die siegreichen Truppen auf den Straßen um ihre Wachtfeuer; die Barrikaden waren noch nicht ganz hinweggeräumt; das Pflaster war noch mit Blutspuren befleckt; überall hörte man den schweren Tritt von Patrouillen. Nur mit Mühe machte ich meinen Weg nach dem Gasthof zum Schwan, wo ich einer Verabredung gemäß einige Heidelberger Studenten treffen sollte, um in ihrer Gesellschaft die Reise nach Eisenach fortzusetzen. Gedrückten Herzens saßen wir bis tief in die Nacht zusammen, denn wir alle fühlten, dass die Sache der Freiheit und der Nationalsouveränität einen furchtbaren Schlag erlitten hatte. Die königlich-preußische Regierung hatte dem Nationalparlament, das die Souveränität des deutschen Volkes repräsentierte, erfolgreich Schach geboten. Diejenigen, die sich das Volk nannten, hatten ein Attentat gemacht auf die aus der Revolution hervorgegangene Verkörperung der Volkssouveränität, und diese hatte gegen den Hass des Volkes Schutz suchen müssen bei der bewaffneten Macht der Fürsten. Damit war der im März begonnenen Revolution tatsächlich das Rückgrat gebrochen. (…)

Am nächsten Tag besuchte ich mit meinen Freunden die Galerie der Paulskirche, in der das Nationalparlament saß. Mit der tiefen Ehrfurcht (…) betrat ich die historische Stätte, auf der sich in jenen Tagen das Schicksal der Revolution von 1848 so traurig abspiegelte: Auf der Rechten die Männer, denen es zumeist darum zu tun war, die alten vormärzlichen Zustände wieder zurückzuführen, mit dem Lächeln des Triumphes auf den Lippen; im Zentrum die Anhänger der mehr oder minder liberalen konstitutionellen Monarchie, von der steigenden Angst des Zweifels gequält, ob sie die revolutionäre Demokratie bekämpfen könnten, ohne die absolutistische Reaktion übermächtig zu machen; auf der Linken die Demokraten und Republikaner mit dem drückenden Bewusstsein, dass die Massen, in denen sie die Quelle ihrer Macht finden sollten, sie durch einen wilden Ausbruch schwer kompromittiert und der Reaktion die gefährlichsten Waffen in die Hände geliefert hatten.

Ich erinnere mich wohl der Männer, deren Anblick ich am begierigsten suchte. Auf der Rechten war es Radowitz, dessen fein geschnittenes, etwas orientalisch angehauchtes Antlitz wie das verschlossene Buch der Geheimnisse der Reaktionspolitik erschien; im Zentrum Heinrich von Gagern mit seiner imposanten Gestalt und seinen scheinbar gewitterschweren Brauen; auf der Linken der Silenuskopf Robert Blums, der wohl als das Ideal eines Volksmannes gelten konnte, und die kleine eingeschrumpfte Figur des alten Ludwig Uhland, dessen Lieder wir so oft gesungen und der nun mit so rührender Treue zu dem stand, was er als das gute Recht seines Volkes erkannte.

Am Abend ging's weiter nach Eisenach, und bald fand ich mich inmitten einer ebenso heiteren wie anziehenden Gesellschaft. Das freundliche Städtchen Eisenach, am Fuße der Wartburg liegend, wo Luther die Bibel in gutes Deutsch übersetzt und dem Teufel das Tintenfass an den Kopf geworfen, war schon von der alten Burschenschaft als Schauplatz ihrer großen Demonstrationen gewählt worden wenige Jahre nach den Freiheitskriegen, als es galt, Fürsten und Völker an die in bedrängter Zeit gemachten Versprechungen und erregten Hoffnungen zu erinnern. Auch im Frühling 1848 hatte sich bereits eine Studentenversammlung dort eingefunden, ohne jedoch bestimmte Resultate ihrer Verhandlungen zu hinterlassen. Der Zweck unseres Studentenkongresses im September nun bestand hauptsächlich in der Bildung einer nationalen Organisation der deutschen Studentenschaften (...), um gemeinsames Auftreten und Handeln gelegentlich zu erleichtern. (...) Da fast alle deutschen Universitäten, die österreichischen eingeschlossen, Deputierte zu diesem Studentenkongress geschickt hatten, so war die Versammlung recht zahlreich und enthielt viele junge Leute von ungewöhnlicher Begabung. Diejenigen, die vor allen anderen die

Aufmerksamkeit der Versammlung sowie des Publikums auf sich zogen, waren die Wiener, von denen sich neun oder zehn eingefunden hatten. (...)

Obgleich in mehreren Universitätsstädten die Studenten bei dem ersten Ausbruch der revolutionären Bewegung mehr oder minder in den Vordergrund getreten waren, so hatten sie doch nirgendwo eine so hervorragende und wichtige Rolle gespielt wie in Wien. Ihnen war in großem Maße die Erhebung zu verdanken, die den Fürsten Metternich stürzte. Sie, als Akademische Legion organisiert, die, wenn ich nicht irre, gegen 6000 Mann zählte, bildeten den Kern der bewaffneten Macht der Revolution. In dem Zentralkomitee, das aus einer gleichen Anzahl von Studenten und Mitgliedern der Bürgergarde bestand und das den Volkswillen der Regierung gegenüber geltend machte, übten sie den entscheidenden Einfluss aus. Von allen Teilen des Landes her kamen Deputationen von Bürgern und Bauern, um der »Aula«, dem Hauptquartier der Studenten, dieser plötzlich erstandenen und im Volksglauben allmächtigen Autorität, ihre Beschwerden und Bitten vorzulegen. (...) Trotz verschiedener Versuche der Regierung, die Akademische Legion aufzulösen, behaupteten die Studenten sich siegreich. Ja, sie zwangen endlich das Ministerium, in die Entfernung des Militärs aus der Hauptstadt und in die Bildung eines Sicherheitsausschusses einzuwilligen, der vornehmlich aus Mitgliedern der Studentenschaft bestand und dem eine unabhängige und so umfassende Machtvollkommenheit übertragen wurde, dass er in wichtigen Dingen als fast gleichberechtigt neben dem Ministerium stand; so durfte z. B. ohne seine Zustimmung keine Militärmacht zur Verwendung kommen. Man hätte ohne große Übertreibung sagen können, dass eine Zeit lang die Wiener Studenten Österreich regierten.

Es war daher nicht zu verwundern, dass wir die Wiener Legionäre, die in so kurzer Zeit so viel Geschichte gemacht, als die Helden des Tages anstaunten und mit begieriger Aufmerksamkeit ihren Erzählungen lauschten (...). Leider ließen diese Erzählungen weitere schwere Kämpfe, wenn nicht gar ein tragisches Ende voraussehen, und unsere Wiener Freunde waren sich dessen wohl bewusst. Sie machten sich keine Illusion darüber, dass die Siege Radetzkys in Italien über die Heere des Piemonteser Königs Karl Albert dem Heer neues Prestige und der reaktionären Hofpartei neue Macht gaben; dass diese Partei planmäßig die Tschechen gegen die Deutschen hetzte und gebrauchte; dass durch die Gegenwart der von den Studenten selbst verlangten konstituierenden Versammlung in der Hauptstadt die revolutionären Autoritäten an Ansehen schwer gelitten hatten; dass in der Bürgergarde und dem Sicherheitsausschuss selbst unheilvolle Zwistigkeiten ausgebrochen waren; dass die Hofpartei von all diesen Dingen Vorteil ziehen und die erste günstige Gelegenheit ergreifen werde, mit allen Früchten der Revolution im allgemeinen und mit der Studentenschaft insbesondere aufzuräumen, und dass es bald zu einem blutigen Entscheidungskampfe kommen müsse.

Diese Vorahnungen legten sich zuweilen wie finstere Schatten auf unsere sonst so heitere Geselligkeit, und es bedurfte der ganzen Elastizität des Jugendmuts, um sie mit der Hoffnung hinwegzuschmeicheln, dass schließlich doch wohl noch alles gut ausschlagen werde. Plötzlich, während wir anderen noch allerlei Ausflüge um Eisenach her und andere Festlichkeiten planten, erklärten unsere Wiener Freunde, dass von der »Aula« brieflich empfangene Nachrichten über die drohende Lage der Dinge sie nötigten, sofort nach Wien zurückzukehren, und sie schieden von uns mit dem eigentlichen »morituri salutamus«. »In wenigen Tagen werden wir in Wien eine Schlacht zu schlagen haben«, sagte einer, »und dann könnt ihr auf den Totenlisten nach unseren Namen suchen.« (...) So zogen die bewunderten Legionäre von dannen, und wir mochten nicht daran denken, wie furchtbar und wie schnell diese Voraussagung sich erfüllen könne.

Bald mussten auch wir Zurückgebliebenen an die Heimreise denken. Der einzige praktische Zweck, den der Studentenkongress haben konnte, war erfüllt. Die allgemeine Organisation der deutschen Studentenschaft war beschlossen. Anlass zu weiteren Sitzungen gab es nicht. Auch fing bei mehreren von uns das Geld an auszugehen. Aber mit jeder Stunde wurde die Trennung schwerer. Wir hatten einander so lieb gewonnen, und unser Zusammensein war so genussreich, dass wir unsere ganze Erfindungsgabe anstrengten, um wenigstens noch ein paar Tage zu gewinnen. (...)

Auf dem Heimweg wurde mir recht nüchtern zumute. Inhaltsschwere Nachrichten von Wien bestätigten die Vorhersagungen unserer Freunde in Eisenach. (...) Unter dem Oberkommando des Fürsten Windischgrätz griff die Armee am 23. Oktober die Stadt Wien an, und nach bitterem, blutigem Ringen überwand sie am 31. Oktober den letzten Widerstand. Wien wurde dann der unbeschränktesten Willkür der Militärherrschaft unterworfen, und damit hatte die revolutionäre Bewegung in Deutsch-Österreich ein Ende.

Mehrere der ritterlichen Legionäre, mit denen wir in Eisenach so schöne Tage verlebt, waren in der Schlacht gefallen, die Überlebenden gefangen oder flüchtig.

Mit dieser Katastrophe traf auch eine entscheidende Wendung der Dinge in Preußen zusammen. Bis dahin hatte die preußische Regierung sich in konstitutionellen Formen bewegt, und das Ministerium, an dessen Spitze der aufrichtig liberale General v. Pfuel stand, hatte sich in vertrauenerweckender Weise bereit gezeigt, die im März gegebenen Versprechen zur Wahrheit zu machen. Der König selbst aber und seine nächste Umgebung hatten bei verschiedenen Gelegenheiten eine Stimmung laut werden lassen, die mit jenen Versprechen wenig übereinstimmte und schwere Befürchtungen hervorrief. Endlich, am 31. Oktober, gab die preußische konstituierende Versammlung der allgemeinen Sympathie mit der kämpfenden Bevölkerung von Wien Ausdruck, indem sie beschloss, die Regierung Sr. Majestät aufzufordern, »bei der deutschen Zentralgewalt schleunige und energische Schritte zu tun, damit die in den deutschen Ländern Österreichs gefährdete Volksfreiheit in Wahrheit und mit Erfolg in Schutz genommen und der Friede hergestellt werde. Der Ministerpräsident General von Pfuel stimmte für diesen Antrag. Am nächsten Tag nahm er seine Entlassung, und der König berief darauf ein entschiedenes Reaktionsministerium, an dessen Spitze er den Grafen Brandenburg stellte und dessen leitender Geist Herr von Manteuffel wurde. Die konstituierende Versammlung legte Protest ein, aber umsonst. Am 9. November präsentierte sich das Ministerium Brandenburg mit einer königlichen Botschaft, welche die konstituierende Versammlung bis zum

27. November vertagte und ihre Sitzungen nach der Stadt Brandenburg verlegte. Mit großer Mehrheit sprach die Versammlung der Regierung das Recht zu einer solchen Maßregel ab; aber schon am nächsten Tag wurde das Haus mit großen Militärmassen unter General Wrangel umstellt, die den Befehl hatten, jeden heraus, aber niemanden hineinzulassen. Am 11. November wurde die Bürgerwehr von Berlin aufgelöst und in wenigen Tagen entwaffnet. Die konstituierende Versammlung zog von Lokal zu Lokal, beständig von der Militärmacht gejagt, bis sie endlich am 15. November in ihrer letzten Sitzung einen Steuerverweigerungsbeschluss fasste, indem sie erklärte, dass das Ministerium nicht berechtigt sei, über die Staatsgelder zu verfügen und Steuern zu erheben, solange die Nationalversammlung nicht ungestört in Berlin ihre Beratungen fortzusetzen vermöge.

Diese Ereignisse riefen im ganzen Land große Aufregung hervor. Sie schienen den Beweis zu liefern, dass die reaktionäre Hofpartei entschlossen sei, auf gewaltsamem Wege mit den sogenannten Märzerrungenschaften möglichst schnell aufzuräumen. Uns Demokraten war es zweifellos, dass die konstituierende Versammlung, indem sie sich gegen den Staatsstreich auflehnte, durchaus in ihrem Recht sei. Wir tadelten sie nur dafür, dass sie, statt von ihrem Recht den vollsten Gebrauch zu machen und das Volk ausdrücklich zu den Waffen zu rufen, sich im Augenblicke dieser großen Entscheidung auf die schwachmütige Politik des passiven Widerstandes beschränkt habe. Doch glaubte man, auch dieser passive Widerstand, mit dem Mittel der Steuerverweigerung durchgeführt, werde die Regierung durch Aushungern zum Nachgeben zwingen – vorausgesetzt, dass die Steuerverweigerung allgemein und mit hinreichend langatmiger Ausdauer ins Werk gesetzt werde. Eine Schwierigkeit, die sofort in die Augen fiel, bestand darin, dass die Durchführung dieses Planes eine große Übereinstimmung der Gesinnung im Volk und einen hohen Grad von Furchtlosigkeit bei den einzelnen Bürgern erforderte und dass die bedeutendsten Steuerzahler wohl nicht mit der revolutionären Politik der Demokraten sympathisierten. Immerhin dachte man, durch den Druck der öffentlichen Meinung viel ausrichten zu können, und so wurden allenthalben Volksversammlungen gehalten und Beschlüsse gefasst.

Die Demokraten in Bonn, unter denen wir Studenten eine hervorragende Rolle spielten, ließen es denn auch an solchen Demonstrationen nicht fehlen. Eine Steuerverweigerungserklärung seitens der Studenten sah einigermaßen wie ein Spaß aus, da diese ja keine Steuern zahlten. Das von uns zu lösende Problem bestand also darin, andere Leute vom Steuerzahlen abzuhalten, und diese Aufgabe fassten wir im weitesten Sinne auf. Es schien uns, wir könnten einen wirkungsvollen Schlag führen, indem wir vorerst die Schlacht- und Mahlsteuer, eine Steuer auf hereingebrachte Lebensmittel, die an den Stadttoren erhoben wurde, abschafften. Zu diesem Ende vertrieben wir die Steuerbeamten von den Toren. Dies gefiel den Bauern, die auch sogleich in großer Zahl bereit waren, ihre Produkte steuerfrei in die Stadt zu bringen. Daraus entstanden Konflikte mit der Polizei, in denen wir jedoch zu Anfang leicht Meister blieben.

Nun schien es uns nötig, uns der Maschinerie der Steuerverwaltung in größerer Ausdehnung zu bemächtigen, und am nächsten Tage begab sich ein Komitee, von welchem auch ich ein Mitglied war, auf das Rathaus, um von demselben Besitz zu ergreifen. Der Bürgermeister empfing uns recht höflich, hörte ruhig an, was wir ihm über die bindende Kraft der von der höchsten gesetzgebenden Autorität beschlossenen Steuerverweigerung auseinandersetzten, und suchte dann uns mit allerlei ausweichenden Redensarten hinzuhalten. Endlich wurden wir ungeduldig und verlangten eine augenblickliche und bestimmte Antwort, nach der sich unsere weiteren Maßregeln richten würden. Plötzlich bemerkten wir eine Änderung in des Bürgermeisters Gesichtsausdruck. Er schien auf etwas zu horchen, das draußen vorging, und dann, immer noch höflich, aber mit einem triumphierenden Lächeln auf den Lippen, sagte er: »Meine Herren, die Antwort wird Ihnen wohl jemand anders geben. Hören Sie das?« Nun horchten auch wir auf und hörten den noch entfernten, aber sich rasch nähernden Schall einer Militärmusik, die im Marschtakt die preußische Nationalhymne spielte: »Ich bin ein Preuße, kennt ihr meine Farben!« Immer näher klang die Musik eine vom Rhein führende Straße herauf. In wenigen Minuten erscholl sie auf dem Markt und hinter ihr der schwere Marschtritt einer Infanteriekolonne, die bald den ganzen Marktplatz zu füllen schien. Unsere Unterredung mit dem Bürgermeister war natürlich damit zu Ende, und wir fanden es seinerseits recht anständig, dass er uns überhaupt von sich ließ.

Das Erscheinen des Militärs erklärte sich leicht. Sobald wir unsern praktischen Steuerverweigerungsversuch ins Werk gesetzt, hatten die Behörden von Bonn, wo damals kein Militär lag, an die nächstliegenden Garnisonplätze um Hilfe telegrafiert, und ihrem Notruf war prompt entsprochen worden. Damit kam nun unsere Weise der Steuerverweigerung zu einem jähen Ende. (…)

Nachdem er seinen Sieg über die konstituierende Versammlung gewonnen, fühlte der König sich stark genug, eine Verfassung für Preußen zu oktroyieren, d. h. aus eigener Macht ohne Beistimmung einer Volksvertretung zu verkünden. Diese Konstitution verordnete das Zweikammersystem. Die Kammern wurden sofort berufen, und Kinkel trat im Bonner Wahlkreis als Kandidat für die zweite Kammer, das Volkshaus, auf. Er wurde mit ansehnlicher Mehrheit gewählt und musste bald darauf seinen Sitz einnehmen. Frau Johanna begleitete ihn nach Berlin. Obgleich nun die beiden Ehegatten regelmäßige Beiträge für die »Bonner Zeitung« schickten, so fiel doch während ihrer Abwesenheit die tägliche Redaktion und damit eine schwere Last ungewohnter Arbeit mir zu. (…)

Von den unmittelbar aus der Märzrevolution hervorgegangenen größeren parlamentarischen Körpern war nur noch das Nationalparlament in Frankfurt übrig. Es verdankte dem Drang des deutschen Volkes oder vielmehr der deutschen Völker nach nationaler Einheit seine Entstehung, und es war seine natürliche, allgemein verstandene Mission, die deutschen Völker mit einer einheitlichen Verfassung und Nationalregierung in eine große Nation zu verschmelzen. Unmittelbar nach der Märzrevolution hatten die deutschen Regierungen, auch die österreichische für ihre deutschen Länder, diese Mission als eine rechtmäßige anerkannt, und unter ihrer Mitwirkung hatten im Mai 1848 die Wahlen zum Nationalparlament stattgefunden. Die große Mehrheit seiner Mitglieder sowie das deutsche Volk im Allgemeinen sahen denn auch in dem Parlament den Repräsentanten der Volkssouveränität im nationalen Sinne. Es war zu erwarten, dass die Fürsten und ihre als Hofparteien zu bezeichnende Anhänger sich in diese Auffassung nur so lange und nur insoweit fügen würden, als sie zu müssen glaubten. Nur sehr wenige von ihnen waren liberal genug, um sich eine Beschränkung ihrer Fürstengewalt mit Gleichmut gefallen zu lassen. Jeden Gewinn des Volkes an Macht fühlten sie als ihren eigenen Verlust. Ebenso waren die meisten von ihnen der Einrichtung einer starken Nationalregierung abhold, da diese das Aufgeben mancher Souveränitätsrechte der Einzelstaaten an den nationalen Gesamtstaat bedingte. Es war nicht nur eine nationale Republik, die sie fürchteten, sondern auch das Kaisertum, das geeignet sein würde, sie in das Verhältnis von Vasallen hinabzudrücken. Die deutschen Fürsten, mit Ausnahme des einen, der hoffen durfte, den Kaiserthron zu besteigen, waren also die natürlichen Feinde der in einem starkgefügten Gesamtstaat verkörperten deutschen Einheit. Österreich wünschte ein einiges Deutschland in irgendwelcher Form nur dann, wenn es darin die Stellung der leitenden Macht einnehmen konnte.

Ihnen gegenüber stand das Nationalparlament in Frankfurt, das Kind der Revolution. Es hatte zu seiner unmittelbaren Verfügung keine staatliche Maschinerie, keine Armee, keinen Schutz – nur seine moralische Autorität; all die anderen Dinge waren in den Händen der Einzelstaaten. Die einzige Macht des Nationalparlaments bestand in dem Volkswillen. Und diese Macht war hinreichend für die Erfüllung seiner Mission, solange der Volkswille sich stark genug erwies, selbst durch revolutionäre Aktion im Notfall, die widerstrebenden Interessen und Tendenzen des Fürstentums in Schach zu halten. Wollte daher das Parlament seines Erfolges in der Schöpfung des deutschen Einheitsstaates sicher sein, so musste es seine Reichsverfassung vollenden und seinen Kaiser wählen und einsetzen, während das revolutionäre Prestige des Volkes noch ungebrochen war – in den ersten drei oder vier Monaten nach der Märzrevolution. Kein deutscher Fürst würde sich damals geweigert haben, die Kaiserkrone mit einer noch so demokratischen Verfassung anzunehmen, und keiner, noch so viele seiner ehemaligen Souveränitätsrechte dem Einheitsstaat zu opfern.

Aber das Parlament litt an einem Übermaß von Geist, Gelehrsamkeit und Tugend und an einem Mangel an derjenigen politischen Erfahrung und Einsicht, die erkennt, dass das Bessere oft der Feind des Guten ist und dass der wahre Staatsmann sich hüten wird, die Gunst der Stunde zu verscherzen, indem er durch eigensinniges Bestehen auf dem Minderwesentlichen die Erreichung des Wesentlichen gefährdet. Die Welt hat wohl nie eine politische Versammlung gesehen, die eine größere Zahl von edlen, gelehrten, gewissenhaften und patriotischen Männern in sich schloss, und es gibt vielleicht kein ähnliches Buch, reicher an gründlichem Wissen und an Mustern hoher Beredsamkeit als die stenografischen Berichte des Frankfurter Parlaments. Aber ihm fehlte das Genie, das die Gelegenheit erkennt und rasch beim Schopf ergreift – es vergaß, dass in gewaltsam bewegter Zeit die Weltgeschichte nicht auf den Denker wartet. Und so sollte ihm alles misslingen.

Das Parlament erkannte allerdings bald nach seiner Eröffnung, dass, wenn es nicht eine bloße Konstituante, sondern auch, bis die Verfassung fertig sei, eine zeitweilige Regierung vorstellen wollte, es dazu eine Exekutivbehörde haben müsse; und so beschloss es die Einrichtung einer Provisorischen Zentralgewalt mit einem Reichsverweser an der Spitze. Und zu diesem Amt wählte es den im Geruch des Liberalismus stehenden Erzherzog Johann von Österreich, der sich denn auch mit einem Reichsministerium umgab. Aber, wie schon früher erwähnt, sein Minister des Auswärtigen hatte keine diplomatische Dienstmaschinerie unter sich, der Kriegsminister keine Armee, der Flottenminister keine nennenswerten Schiffe und der Finanzminister kein Geld. Alle diese Dinge, welche die substanzielle Macht einer Regierung ausmachen, blieben doch in den Händen der Einzelstaaten, und die Disposition des Nationalparlaments und seiner Zentralgewalt darüber erstreckte sich nur so weit, wie die Einzelregierungen dieselbe zugestanden – und das war nur so weit, wie die Einzelregierungen glaubten, durch die Zeitlage zu diesem Zugeständnis genötigt zu sein. Die eigentliche Lebensquelle der Macht des Parlaments blieb also nach wie vor der Volkswille, wie er sich nötigenfalls durch des Volkes revolutionäre Kraft geltend machen konnte. Diese revolutionäre Kraft stand nun am Ende des Jahres 1848 der Fürstengewalt bei weitem nicht mehr so gebietend gegenüber wie im Frühling. Während ein Teil des im März so enthusiastischen Volkes der beständigen Aufregungen mehr oder minder müde geworden war, hatten sich die Fürsten und ihre unmittelbaren Anhänger von ihrem Märzschrecken erholt, sich des Beamtentums und der Militärmacht neu versichert, ihre Ziele klar ins Auge gefasst und tatsächlich an den großen Zentralpunkten Wien und Berlin im Oktober und November dem revolutionären Geist sehr schwere Niederlagen beigebracht. Die Möglichkeit eines neuen revolutionären Anlaufs im großen Maßstab war also weit geringer geworden. Unter diesen Umständen konnte das Nationalparlament immer noch seine Verordnungen beschließen und durch die Zentralgewalt proklamieren lassen – aber die Einzelregierungen fühlten mehr und mehr, dass sie sich daran nicht viel mehr zu kehren brauchten, als ihnen gut schien. Nun hatte das Parlament noch seine Hauptaufgabe zu lösen: Die Verfassung des deutschen Reiches zu vollenden und einzuführen und damit dem nationalen Bedürfnis des deutschen Volkes Genüge zu tun.

Diese Aufgabe war keine einfache. Es galt zu entscheiden, nicht allein, was für staatsbürgerliche Rechte der Deutsche besitzen, ob Deutschland einen von allem Volk gewählten Reichstag haben, ob das Haupt der Nationalregierung ein erblicher oder ein Wahlkaiser oder ein Präsident oder ein Exekutivkollegium sein, sondern auch aus welchen Bestandteilen das Deutsche Reich zusammengesetzt sein, ob die deutsch-österreichischen Länder einen Teil davon ausmachen und welcher der beiden deutschen Großmächte, Österreich oder Preußen, in diesem Fall die Hegemonie in Deutschland zugestanden werden solle. Lange dauerte der parlamentarische Kampf, und erst dann, als der österreichische Reaktionsminister Fürst Felix Schwarzenberg für das ganze als Einheitsstaat organisierte Österreich mit seinen nahezu dreißig Millionen nichtdeutscher Einwohner den Eintritt in den Deutschen Bund verlangte – eine Forderung, mit der die Schöpfung eines deutschen Nationalreiches durchaus unvereinbar war –, erst dann konnte im Parlament eine Mehrheit gefunden werden, die sich für das erbliche Kaisertum erklärte und am 28.,März 1849 den König von Preußen zum deutschen Kaiser erwählte.

Wie unbeliebt auch die Preußen und ihr König außerhalb der preußischen Grenzen und besonders in Süddeutschland gewesen sein mochten und wie wenig auch die demokratische Partei die Schöpfung einer Exekutivgewalt des deutschen Reiches in der Form des erblichen Kaisertums gewünscht hatte, dennoch flammte, als das Einigungswerk endlich vollendet schien, der nationale Enthusiasmus noch einmal auf in heller, freudiger Glut. Eine aus dreiunddreißig Mitgliedern bestehende Deputation des Nationalparlaments mit dem Präsidenten der Versammlung an der Spitze begab sich, auf dem Wege überall mit der lautesten Begeisterung begrüßt, nach Berlin, um dem König von Preußen die verfassungsmäßige Kaiserwürde anzubieten und ihn zur Annahme aufzufordern. Und nun kam die bitterste Enttäuschung von allen.

Freilich wusste man, dass Friedrich Wilhelm IV., an seinem absolutistischen Mystizismus festhaltend, den souveränen Charakter des Nationalparlaments als einer konstituierenden Versammlung nicht anerkannt und für die Krone Preußen sowie für die anderen deutschen Fürsten das Recht, das Verfassungswerk zu revidieren, beansprucht hatte. Auch wusste man, dass die vom Parlament hergestellte Verfassung für seinen Geschmack viel zu demokratisch war. Aber nachdem alle deutschen Regierungen, mit Ausnahme der königlichen von Bayern, Sachsen und Hannover (Österreich kam jetzt nicht mehr in Betracht), dem Druck der öffentlichen Meinung nachgebend, sich bereit erklärt hatten, die

Reichsverfassung mitsamt dem Kaisertum anzunehmen, und es gewiss war, dass auch die drei zurückhaltenden Könige keinen Widerstand wagen würden, da glaubte das noch immer gern vertrauende Volk, der Mann, der im März 1848 auf den Straßen von Berlin feierlich erklärte, er wolle sich an die Spitze der nationalen Bewegung stellen und Preußen solle in Deutschland aufgehen, könne unmöglich das nationale Einigungswerk in dem Augenblick, da es zu seiner Vollendung nur noch seiner Einwilligung bedurfte, von sich stoßen und vernichten wollen.

Doch das war es, was geschah. Friedrich Wilhelm IV., der sich über die Weise, in welcher Deutschland geeinigt werden könnte, allerlei fantastischen Träumereien hingegeben hatte, fand die ihm gebotene Verfassung in allen wesentlichen Punkten von seinen eigenen Konzeptionen abweichend. Das Nationalparlament habe überhaupt kein Recht, ihm oder irgendjemandem eine Krone anzubieten; solch ein Anerbieten könne rechtmäßigerweise nur von der freien Entschließung der deutschen Fürsten ausgehen. Auch würde die Annahme der deutschen Kaiserkrone mit seinem Gefühl freundschaftlicher Verbindlichkeit Österreich gegenüber nicht verträglich sein.

Diese und ähnliche Gründe für die Nichtannahme der Reichsverfassung und der Kaiserwürde wurden von dem König teils öffentlich, teils vertraulich angegeben. Vielleicht lag der schwerwiegendste Grund, der den schwachmütigen Monarchen schreckte, in der Wahrscheinlichkeit, dass er die deutsche Kaiserwürde, einmal angenommen, in der Folge mit den Waffen gegen Österreich und Russland werde verteidigen müssen – eine Besorgnis, die auf fast naive Weise zum Ausdruck kam in einer Antwort, die der König dem auf Annahme der Kaiserwürde dringenden Herrn von Beckerath[16] gab: »Wenn Sie Ihre beredten Worte an Friedrich den Großen hätten richten können, der wäre Ihr Mann gewesen; ich bin kein großer Regent.« In der Tat hat Friedrich Wilhelm IV. vom ersten Tage seiner Regierung bis zu deren unrühmlichem Ende genugsam bewiesen, dass er nicht dazu gemacht war, der erste Kaiser des neuen deutschen Reiches zu sein. Er schwankte stets und blieb nur beständig in seiner Schwäche.

Die Ablehnung der Kaiserwürde und der Reichsverfassung durch den König von Preußen verwandelte den allgemeinen Enthusiasmus in ebenso allgemeine Bestürzung und Indignation. Am 11. April erklärte das Nationalparlament, an seiner Reichsverfassung unwandelbar festhalten zu wollen. Am 14. hatten die Kammern und Regierungen von achtundzwanzig deutschen Staaten ihre unbedingte Annahme dieser Verfassung und des preußischen Kaisertums ausgesprochen, aber Friedrich Wilhelm IV. blieb bei seiner Ablehnung und die Könige von Bayern, Hannover und Sachsen bei ihrer Renitenz. Am 4. Mai nun forderte das Nationalparlament die »Regierungen, die gesetzgebenden Körper, die Gemeinden der Einzelstaaten, das gesamte deutsche Volk auf, die Verfassung des deutschen Reiches zur Anerkennung und Geltung zu bringen«. Dieser Beschluss klang einem Aufruf zu den Waffen sehr ähnlich. In verschiedenen Teilen Deutschlands war ihm bereits vorgegriffen worden. In der bayeri-

16 Hermann von Beckerath (1801–1870) war Finanzminister in der preußischen Märzregierung und wurde im Mai 1848 in die Frankfurter Nationalversammlung gewählt.

schen Rheinpfalz hatte schon am 30. April das Volk sich mit seltener Einmütigkeit erhoben und in kolossalen Massenversammlungen im Widerspruch gegen die bayerische Regierung erklärt, dass es mit der Reichsverfassung stehen und fallen werde. Die patriotischen Pfälzer gingen sogar weiter. Sie errichteten eine provisorische Regierung, welche die von dem König von Bayern eingesetzten Behörden verdrängte. Die Erhebung pflanzte sich rasch nach Baden fort, wo die ganze Armee des Großherzogtums mit Ausnahme einer kleinen Abteilung Kavallerie sich ihr anschloss und den Aufständischen die Festung Rastatt in die Hände lieferte. Der Großherzog von Baden flüchtete, und an seine Stelle trat auch dort eine aus Volksführern zusammengesetzte provisorische Regierung. Im Königreich Sachsen erhob sich das Volk der Hauptstadt Dresden, um den König zur Anerkennung der Reichsverfassung zu zwingen. Auch dort sah sich der König nach kurzem Kampf zwischen Volk und Militär zur Flucht genötigt, und eine provisorische Regierung wurde eingesetzt. Aber der König wandte sich an die preußische Regierung um Hilfe. Diese wurde bereitwillig gewährt, und es waren preußische Truppen, die nach blutigem Kampf in den Straßen von Dresden den Aufstand niederwarfen und die Autorität des sächsischen Königs wiederherstellten.

Sollten die Reichstreuen, die Deutschgesinnten in Preußen ihre Hände ruhig in den Schoß legen, während ihre Regierung preußische Soldaten zur Unterdrückung der nationalen Bewegung aussandte? In Berlin und Breslau wurden Volksaufstände versucht, aber schleunigst von den Behörden mit bewaffneter Hand unterdrückt. In der Rheinprovinz war die Aufregung ungeheuer. In Köln wurde eine

Versammlung der rheinischen Gemeindevertretungen abgehalten, die fast einstimmig die Anerkennung der deutschen Reichsverfassung forderte und im Falle der Weigerung der preußischen Regierung mit dem Abfall des preußischen Rheinlandes von der Monarchie drohte. Aber die preußische Regierung hatte längst aufgehört, sich durch bloße Versammlungen und hochtönende Worte schrecken zu lassen, wenn nicht eine starke revolutionäre Tatkraft dahinterstand. Es war klar, um die Reichsverfassung und die nationale Einheit zu retten, musste gehandelt werden. Wiederum blickte man auf die Hauptstadt des Rheinlandes, Köln, wo jedoch eine so große Truppenmacht konzentriert war, dass keine Schilderhebung dagegen mit der geringsten Aussicht auf Erfolg gewagt werden konnte. Aber in den Fabrikdistrikten auf dem rechten Rheinufer, in Iserlohn, Düsseldorf und Elberfeld, brach der Aufstand wirklich los. Die unmittelbare Veranlassung dazu war der des tragischen Oktoberaufstandes in Wien nicht unähnlich.

Die preußische Regierung verordnete die Mobilmachung der rheinischen Armeekorps, um diese gegen die »Insurgenten«, die Verteidiger der Reichsverfassung in der Pfalz und in Baden, ins Feld zu führen. Zu diesem Zweck wurde in der Rheinprovinz und in Westfalen die Landwehr in Dienst gerufen. Die Landwehrmänner waren damals, wie jetzt, Männer zwischen fünfundzwanzig und fünfunddreißig Jahren, Bauern, Handwerker, Fabrikarbeiter, Kaufleute oder in gelehrten Fächern tätig, viele von ihnen Väter junger Familien. Ihren Lebenserwerb zu unterbrechen und ihre Familien zu verlassen, würde den meisten von ihnen unter allen Umständen ein schweres Opfer gewesen sein. Um wie viel schwerer war dieses Opfer, wenn es ihnen zugemutet wurde, nur damit sie helfen sollten, diejenigen niederzuschlagen, die sich in Baden und der Pfalz für die Sache der vaterländischen Einheit und der Volksfreiheit erhoben hatten und mit denen sehr viele, wenn nicht die große Mehrheit der Landwehrleute, im Herzen warm sympathisierten? So geschah es denn, dass zahlreiche Versammlungen von Landwehrleuten gehalten wurden, die erklärten, sich nicht unter die Waffen stellen zu wollen. An mehreren Depotplätzen, an denen sich die Landwehrmänner sammeln mussten, um ins Gewehr zu treten, gab es offene Widersetzlichkeit, und in einigen, wie Düsseldorf, Iserlohn und Elberfeld, wurde der Aufstand auf kurze Zeit Meister.

Offenbar aber konnte dieser Aufstand nur dann eine Möglichkeit des Erfolges haben, wenn die Erhebung im Land allgemein wurde, und in der Tat sah es einen Augenblick aus, als ob die Widersetzlichkeit der Landwehren im Rheinland und Westfalen sich ausbreiten und zum Sammelpunkt einer mächtigen und folgenreichen Bewegung gestalten werde. Aber was geschehen sollte, musste dann sofort geschehen. So trat die Frage des Augenblicks auch an uns in Bonn heran. Kinkel war wieder da. Die Kammer, deren Mitglied er gewesen, hatte den König nochmals zur Anerkennung der Reichsverfassung und zur Annahme der Kaiserkrone aufgefordert und war dann aufgelöst worden. Kinkel war in Bonn der anerkannte demokratische Führer. Jetzt galt es für ihn, seine Fähigkeit zu rasch entschlossenem Handeln zu beweisen oder die Führerschaft in der entscheidenden Stunde anderen zu überlassen. Er zögerte keinen Augenblick. Was war zu tun? Dass die Landwehr, wenigstens der größte Teil davon, nicht unter die Waffen zu treten wünschte, um die Verteidiger der Reichsverfassung zu bekämpfen, war gewiss. Aber wollte sie diese Weigerung aufrechthalten, so musste sie selbst die Waffen ergreifen gegen die preußische Regierung, gegen den eigenen Kriegsherrn. Um den Widerstand gegen die preußische Regierung tatkräftig zu machen, war sofortige massenweise Organisation nötig. Ob die Landwehr dazu gebracht werden konnte, ob sie allgemein bereit war, dem Beispiel von Düsseldorf, Iserlohn und Elberfeld zu folgen, musste sich erst zeigen. Waren die Landwehrleute dazu bereit, so konnten sie nichts Einfacheres und Besseres tun, als sich ohne weiteres in den Besitz der Waffen zu setzen, die in den an verschiedenen Orten befindlichen Landwehr-Zeughäusern aufgespeichert lagen, um dann unter ihren eigenen Führern als eine kampffähige Organisation gegen die preußische Regierung Front zu machen. Ein solches Zeughaus befand sich in Siegburg, ein paar Stunden Weges von Bonn auf der rechten Rheinseite. Es gab dort Musketen mit allem Zubehör genug, um eine ansehnliche Schar zu bewaffnen, die sich dann leicht mit den Aufständischen in Elberfeld hätte in Verbindung setzen, eine bedeutende Macht bilden und den Aufstand nach allen Seiten ausbreiten können. Dies war der Gedanke, der den demokratischen Führern in Bonn und der Umgegend mit größerer oder geringerer Klarheit durch den Kopf ging, und es fand sich auch ein militärisches Haupt zu dessen Ausführung in der Person des ehemaligen Artillerieleutnants Fritz Anneke, der von Köln zu uns herüberkam. Auf den 11. Mai war die Landwehr des Distriktes nach Siegburg berufen, um eingekleidet zu werden. So drängte die Zeit.

Am 10. Mai hatten wir in Bonn eine Versammlung der Landwehrleute aus der Stadt und der Umgegend veranstaltet. Schon während der Morgenstunden strömte eine große Menge im Saal des »Römers« zusammen. Anselm Unger, zum Vorsitzenden erwählt, ermahnte die Leute, der Einberufung durch die preußische Regierung nicht Folge zu leisten, sondern, wenn die Waffen ergriffen werden müssten, sie dann gegen die Regierung, die das deutsche Volk um seine Freiheit und Einheit bringen wolle, zu ergreifen und zur Verteidigung der Reichsverfassung zu führen. Die Leute nahmen diese Ermahnung mit allen Zeichen warmen Einverständnisses auf. Die Versammlung dauerte den ganzen Tag. Die Zahl der herbeikommenden Landwehrleute wurde immer größer. Verschiedene Redner sprachen zu ihnen, alle in demselben Sinne und, wie es schien, mit derselben Wirkung. Es war unter uns beschlossen, den Schlag gegen das Zeughaus in Siegburg noch diese Nacht zu führen und so die von der Regierung beabsichtigte Bewaffnung der Landwehrleute selbst zu übernehmen. Zu diesem Zwecke mussten die Leute während des Tages zusammengehalten werden, um in möglichst großer Zahl an dem nächtlichen Zuge nach Siegburg teilzunehmen.

Die Leute zusammenzuhalten war nicht leicht. Etwas Geld war aufgebracht worden, um sie während des Tages zu speisen. Aber das allein genügte nicht. Kinkel, nachdem er noch seine letzte Vorlesung in der Universität gehalten hatte, sprach nachmittags um vier Uhr zu der Versammlung im Römer. Mit glühenden Worten fachte er die patriotischen Gefühle seiner Zuhörer an, ermahnte sie dringend zusammenzubleiben, da jetzt die Stunde des entscheidenden Handelns gekommen sei, und versprach ihnen am Schluss seiner Rede, bald wieder unter ihnen zu erscheinen, um im Augenblick der Gefahr ihr Schicksal mit ihnen zu teilen.

Ich brachte einen Teil des Tages in der Versammlung zu, den größeren aber im Exekutivkomitee oder, wie es genannt wurde, im Direktorium des demokratischen Vereins, das in einer Hinterstube der Kammschen Wirtschaft in Permanenz saß. Dort empfing es die laufenden Berichte von Elberfeld und von den demokratischen Vereinen der Umgegend über deren Aktionsbereitschaft, und dort wurden die Anordnungen für den Marsch nach dem Siegburger Zeughause in der kommenden Nacht festgestellt und die Rollen verteilt. Kinkel und Unger sollten die Landwehrleute und andere, die an der Expedition teilzunehmen bereit waren, zusammenhalten und, so gut es ging, organisieren, um sie dann unter Annekes militärischem Kommando über den Rhein zu bringen, während Kamm, Ludwig Meier, ich und noch ein anderer Student dafür sorgen sollten, dass die Fähre, oder Fliegende Brücke, die gewöhnlich des Nachts auf der anderen Rheinseite bei dem Dorfe Beuel festlag, unserem Unternehmen rechtzeitig zu Dienst sei.

Es gab den ganzen Tag des geschäftigen Hinundherrennens so viel, dass manche der Einzelheiten mir nicht mehr ganz klar im Gedächtnisse stehen. Ich erinnere mich jedoch lebhaft genug, dass, sooft ich auf der Straße erschien, ich von Freunden unter den Studenten festgehalten und gefragt wurde, was im Winde sei und ob sie mitmarschieren sollten, und dass ich ihnen sagte, für was ich selbst mich entschlossen hätte in dieser großen Krisis zu tun, und dass jeder von ihnen seine Entschlüsse ebenfalls auf eigene Verantwortung fassen müsse. Nach den fieberhaften Aufregungen der letzten Tage war ich zu der desperaten Fassung gekommen, die zu dem Äußersten bereit ist. Es war mir klar, dass, wenn irgendwelche der Früchte der Revolution gerettet werden sollten, jetzt alles gewagt werden müsse. In diesem Sinne sprach ich zu meinen Freunden ohne weitere Versuche der Überredung.

Sehr lebhaft erinnere ich mich auch, wie ich bei dem letzten Abenddämmerlicht nach Hause ging, um meinen Eltern zu sagen, was geschehen werde und was ich für meine Pflicht halte, um dann von den Meinigen Abschied zu nehmen. Seit dem Ausbruch der Revolution hatten meine Eltern an der Entwicklung der Dinge das wärmste Interesse genommen. Sie waren immer für die Sache des einigen Deutschlands und einer volkstümlichen Regierung aufrichtig begeistert gewesen. Ihre politischen Gesinnungen stimmten daher mit den meinigen aufs innigste überein. Mein Vater war Mitglied des demokratischen Vereins und freute sich, mich unter dessen Führern zu sehen und reden zu hören. (…)

Ehe ich das Haus verließ, verweilte ich noch einen Augenblick in meinem Zimmer. Wir wohnten damals auf der Koblenzer Straße, und von meinem Fenster hatte ich einen freien Blick auf den Rhein und das Siebengebirge, jene Aussicht, die an Lieblichkeit in der ganzen Welt ihresgleichen sucht. Wie oft hatte ich, in den Anblick dieses anmutigen Bildes versunken, mir träumend eine schöne, ruhige Zukunft aufgebaut! Nun konnte ich in der Dunkelheit nur die Konturen meiner geliebten Berge gegen den Horizont stehend unterscheiden. Hier war meine Arbeitsstube, still wie sonst. Wie oft hatte ich sie mit meinen Fantasien bevölkert! Da waren meine Bücher und Manuskripte, alle von Plänen, Bestrebungen und Hoffnungen zeugend, die ich nun vielleicht auf immer hinter mir lassen sollte. Ein instinktives Gefühl sagte mir, dass es damit nun wirklich vorbei sei. Ich ließ alles liegen, wie es eben lag, kehrte der Vergangenheit den Rücken und ging meinem Schicksal entgegen. Zu derselben Stunde nahm auch Kinkel von seiner Frau und Kindern Abschied und schritt dann zu der Versammlung im Hörner zurück, wo er auf der Rednerbühne mit einer Muskete bewaffnet erschien. In seiner eindrucksvollen Weise kündigte er seinen Zuhörern an, was heute Nacht geschehen müsse und was er zu tun entschlossen sei; niemanden fordere er auf, ihm blindlings zu folgen; niemandem verberge er die Tragweite und die Gefahren des Unternehmens; nur die, welche in der höchsten Not des Vaterlandes wie er ihre Pflicht fühlten, das Äußerste zu wagen, forderte er auf, mit ihm zu marschieren in Reih und Glied.

Unterdessen war ich darauf bedacht, den mir gewordenen Auftrag zu erfüllen. Es war dunkel. Ich ging zu einer verabredeten Stelle am Rheinufer hinunter, wo ich einen Genossen fand – ich glaube, es war Ludwig Meier –, mit dem ich in einem Kahn über den Rhein setzte. Drüben empfing uns der bereits früher angekommene Kamm; er präsentierte sich in einem Reisekittel mit einem Säbel an der Seite und einer Kugelbüchse in der Hand. Wir nahmen sofort von der Fliegenden Brücke Besitz, ließen sie nach Bonn hinüberschwingen und brachten sie gegen Mitternacht mit Menschen bedeckt nach der rechten Rheinseite zurück. Diese war die Truppe, die nach Siegburg marschieren und dort das Zeughaus nehmen sollte. Kinkel erschien mit der Muskete auf der Schulter. Unger saß zu Pferde, mit einem Säbel bewaffnet.

(...) Die übrigen waren zu Fuß, die meisten bewaffnet, aber nur wenige mit Schießgewehren. Mir hatte man eine Kugelbüchse mitgebracht, aber ohne passende Munition.

Anneke ordnete die Schar und teilte sie in Sektionen ein. Eine derselben wurde unter das Kommando von Joseph Gerhardt gestellt, der später nach Amerika ging und im Rebellionskrieg als Oberst eines Unionsregimentes gute Dienste tat. Anneke fand, dass seine Truppe nicht ganz einhundertzwanzig Mann zählte, und konnte sich nicht enthalten, seiner Enttäuschung bitteren Ausdruck zu geben. Es hatten sich eben viele, die der Versammlung im Römer beigewohnt, in der Dunkelheit stille beiseite geschlichen, als das Zeichen zum Abmarsch gegeben wurde. Es mag sein, dass mancher patriotische Impuls, der am Morgen frisch und tatkräftig war, in den langen Stunden, die zwischen dem Entschluss und dem Augenblick des Handelns verstrichen, abgestumpft wurde und der Müdigkeit des Abends erlegen war.

Nachdem wir nun in Kolonne formiert worden, hielt Anneke eine kurze Ansprache, in der er die Notwendigkeit der Disziplin und des Gehorsams hervorhob, und dann wurde marsch! kommandiert. Schweigend ging es nun in der Dunkelheit vorwärts auf Siegburg zu. Wir waren vielleicht eine gute halbe Stunde marschiert, als einer unserer beiden Reiter nachgesprengt kam mit dem Bericht, dass die in Bonn stationierten Dragoner uns auf den Fersen seien, um uns anzugreifen. Eigentlich hätte diese Kunde niemand überraschen sollen, denn während des Tages und abends waren die Vorbereitungen zu dem nächtlichen Zuge so öffentlich betrieben worden, dass es erstaunlich gewesen wäre, hätten die Behörden nicht davon Kunde erhalten und dann Maßregeln getroffen, den Zweck der Expedition zu vereiteln. Überdies hatten wir vergessen, die Fliegende Brücke hinter uns dienstuntauglich zu machen. Nichtsdestoweniger brachte die Meldung von dem Herannahen der Dragoner in unserer Schar viel Aufregung hervor. Anneke befahl unserem Reiter, zurückzueilen und sich zu vergewissern, wie nahe und wie stark der uns nachsetzende Trupp Dragoner sei. Unterdessen wurde unser Marsch beschleunigt, damit wir noch vor der Ankunft der Dragoner den Übergang über den Siegfluss bei Siegburg-Müldorf bewerkstelligen möchten, um dem Feind die Passage streitig zu machen. Aber dies misslang. Lange ehe wir den Siegfluss hätten erreichen können, erklang in geringer Entfernung hinter uns das Trabsignal der Dragoner. Anneke, der offenbar der Kampffähigkeit seiner Schar nicht traute, ließ sofort haltmachen und sagte den Leuten, sie seien augenscheinlich nicht imstande, den herankommenden Truppen erfolgreichen Widerstand zu leisten; sie sollten daher auseinander gehen und, wenn sie sich der Sache des Vaterlandes weiter widmen wollten, ihren Weg nach Elberfeld finden oder nach der Pfalz, wie er es tun werde. Dieses Zeichen zur Auflösung wurde sofort befolgt. Die meisten zerstreuten sich in den umliegenden Kornfeldern, während einige von uns, etwa zwanzig, an der Seite der Straße stehenblieben. Die Dragoner ritten ruhig im Trabe durch auf Siegburg zu. Es waren ihrer nur etliche dreißig, also nicht genug, uns zu überwältigen oder selbst auf der Straße durchzudringen, hätten diejenigen von uns, die Feuerwaffen trugen, einen geordneten Widerstand geleistet.

Als nun die Dragoner zwischen uns durchgeritten waren und sich der Unsrigen nur wenige in der Dunkelheit auf der

Straße zusammenfanden, überkam mich ein Gefühl tiefer, grimmiger Beschämung. Unser Unternehmen hatte also nicht nur einen unglücklichen, sondern einen lächerlichen, schmachvollen Ausgang genommen.

Vor einer Handvoll Soldaten war unsere mehr als dreimal so starke Schar, ohne einen Schuss zu feuern, auseinandergelaufen. So bewahrheiteten sich die großen Worte derer, welche der Freiheit und Einheit des deutschen Volkes Gut und Blut, Leib und Leben zu opfern versprochen. – Ich suchte Kinkel, konnte ihn aber in der Finsternis nicht finden. Endlich stieß ich auf Kamm und Ludwig Meier. Sie fühlten beide wie ich, und wir beschlossen sofort, vorwärtszugehen und zu sehen, was sich noch werde tun lassen. So marschierten wir denn den Dragonern nach und trafen in der kleinen Stadt Siegburg kurz vor Tagesanbruch ein. Der dortige demokratische Verein, mit dem wir Verbindung unterhalten und dessen Führer uns in der vergangenen Nacht erwartet hatten, benutzte einen Gasthof, der Reichenstein genannt, als sein Hauptquartier. Dorthin begaben wir uns. Unsere demokratischen Freunde waren frühmorgens zu Stelle, und mit ihnen berieten wir eifrig die Frage, ob nicht trotz des armseligen Fehlschlages der vergangenen Nacht und der Besetzung des Zeughauses durch die Dragoner das Zeughaus dennoch genommen und ein Aufstand organisiert werden könnte, um unseren bedrängten Gesinnungsgenossen in Düsseldorf und Elberfeld Luft zu machen. Die Stimmung unserer Siegburger Freunde klang wenig ermutigend. Ich war in einer fieberhaften Aufregung, die durch neue Nachrichten von Elberfeld noch gesteigert wurde. Obgleich todmüde, konnte ich nicht schlafen. Im Laufe des Tages sammelte sich eine große

Menschenmenge, einberufene Landwehrleute und andere aus der Umgegend. Bald wurden Reden gehalten, und ich forderte direkt und wiederholt zur Stürmung des Zeughauses auf. Ein Gerücht drang zu mir, dass während des Tages in Bonn ein Kampf zwischen Bürgern und Militär ausgebrochen sei, und das Gerücht teilte ich der versammelten Menge mit, musste aber, nachdem spätere Nachrichten angekommen, zu meiner Beschämung gestehen, dass ich übel berichtet gewesen. Ich war außer mir vor Begierde, die Schmach der letzten Nacht auszuwaschen und für unsere Sache auch unter ungünstigen Umständen noch das Äußerste zu versuchen. Meine Reden wurden immer heftiger, aber umsonst. Der Abend kam, die Menge verlief sich, und ich musste mir endlich gestehen, dass die Leute, die wir vor uns hatten, nicht zu einer entschlossenen Tat angefeuert werden konnten. Unger, Meier und ich beschlossen, dahin zu gehen, wo gekämpft wurde, machten uns auf den Weg nach Elberfeld und erreichten unser Ziel am nächsten Tage.

Dort fanden wir Barrikaden auf den Straßen, viel Lärm in den Wirtshäusern, eine nur geringe Zahl von Bewaffneten und weder systematisches Kommando noch Disziplin. Hier war offenbar kein Erfolg in Aussicht. Hier konnte es nichts geben als einen von vornherein hoffnungslosen Kampf oder gar eine sofortige Kapitulation. »Hier ist es nichts«, sagte ich zu Unger, »ich gehe nach der Pfalz«. Meier war bereit, mich zu begleiten. Wir befanden uns bald an Bord eines rheinaufwärts fahrenden Dampfers. Ich ordnete brieflich an, dass mir sofort einige Sachen zu meiner Ausrüstung nachgeschickt werden sollten, und am Abend desselben Tages waren wir im Schatten des Lorelei Felsens.

Nach den furchtbaren Aufregungen der letzten vier Tage kam ich da zum ersten Mal wieder zu ruhiger Besinnung. Als ich von einem langen und tiefen Schlaf erwachte, erschien mir das Vergangene wie ein wüster Traum und dann doch als grelle, furchtbare Wirklichkeit. Der Gedanke ging mir durch den Kopf, dass ich nun doch eigentlich jetzt ein von der Obrigkeit Verfolgter, ein Landflüchtiger sei, denn es war nicht denkbar, dass die Regierung einen Versuch zur Stürmung eines Zeughauses ungeahndet werde passieren lassen.

Dies war ein eigentümlich unbehagliches Gefühl; ein viel hässlicheres aber, dass ich auf die Handlung, der ich meine Achtung verdankte, obgleich ich sie nach wie vor für Recht und patriotisch hielt, doch nicht stolz sein konnte, da sie einen so schmählichen Ausgang genommen – schmählich genug in der Tat, um mir die Rückkehr zu meinen Freunden unmöglich zu machen, solange diese Schmach nicht ausgewaschen sei. Am tiefsten aber grämte es mich, nun zu wissen, dass alle Aufstandsversuche in Preußen fehlgeschlagen seien und dass jetzt die preußische Regierung imstande sein werde, ihre ganze Macht gegen die Aufständischen in Baden und in der Pfalz zu wälzen. Freilich erwärmte ich mich dann an dem Glauben, dass eine so große, so gerechte, so heilige Sache wie die der deutschen Einheit und Volksfreiheit unmöglich verloren gehen könne und dass ich doch noch Gelegenheit haben werde, zu ihrem Sieg, wenn auch nur ein geringes, beizutragen. (...)

ENTSCHEIDUNGSKAMPF

In Mainz angekommen, erfuhr ich von einem Mitglied des dortigen demokratischen Vereins, dass Kinkel bereits durch die Stadt passiert sei, um nach der Pfalz zu gehen; der Mainzer Volksführer Zitz[17], der ein rheinhessisches Korps organisiert habe, um den Pfälzern zu Hilfe zu ziehen, und augenblicklich in Kirchheimbolanden stehe, könne mir wahrscheinlich Näheres sagen. So machte ich mich denn zu Fuß nach Kirchheimbolanden auf den Weg, mein Gepäck in einem Tornister auf dem Rücken tragend. In der kleinen Stadt Kirchheimbolanden fand ich Zitz, einen hochgewachsenen, stattlichen Mann inmitten seiner, wie es schien, wohlausgerüsteten und auch einigermaßen disziplinierten Freischar. Das Lager machte keinen üblen Eindruck. (Zitz wurde wenige Jahre später in New York bekannt als Mitglied der Advokatenfirma Zitz und Kapp.) Nur hatte die Artille-

17 Franz Zitz (1803–1877), Jurist, war Mitglied des Vorparlament und Abgeordneter der Frankfurter Nationalversammlung. Im März 1849 schied er aus dem Parlament aus, weil es ihm zu gemäßigt war, und beteiligte sich als Anführer des rheinhessischen Freikorps am pfälzisch-badischen Aufstand. Nach dessen Niederschlagung flüchtete er in die Schweiz und emigrierte dann in die USA, wo er wieder als Rechtsanwalt arbeitete.

rie, die aus drei oder vier kleinen Böllern bestand, wie man sie zum Knallen bei Festlichkeiten gebraucht, etwas Spielzeugartiges. Von Zitz erfuhr ich, dass Kinkel nach Kaiserslautern, der revolutionären Hauptstadt der Pfalz, gegangen sei, um der dort sitzenden provisorischen Regierung seine Dienste anzubieten. So wanderte ich denn weiter nach Kaiserslautern. Dort fand ich auch sogleich Kinkel und Anneke, beide im besten Humor. Sie begrüßten mich herzlich und quartierten mich im Gasthof Zum Schwan ein, wo ich vorläufig, wie Kinkel sagte, mich redlich nähren und einen guten pfälzischen Nachtschlaf genießen sollte; am nächsten Tage werde man mir schon etwas zu tun geben.

Am anderen Morgen war ich früh auf den Beinen, erfrischt und tatendurstig. Mit besonderer Begierde beobachtete ich, wie ein in Aufstand befindliches Volk sich in der äußeren Erscheinung ausnahm. Ich fand, dass die Gäste im Wirtshaus ruhig frühstückten, wie sonst. Ich hörte sagen, dass der Sohn des Schwanenwirts dieser Tage seine Hochzeit feiern werde und dass große Vorbereitungen im Gange seien. Auf den Straßen ging es allerdings recht lebhaft zu – hier Leute, die ihre gewöhnlichen Geschäfte zu besorgen schienen, da Trupps von jungen Männern in bürgerlicher Kleidung mit Musketen auf den Schultern, die offenbar zu der in der Bildung begriffenen Volkswehr gehörten; dazwischen Soldaten in der bayerischen Uniform, die zum Volke übergegangen waren – und sogar Polizisten, leibhaftige Gendarmen in ihrer Amtstracht, mit dem Säbel an der Seite und augenscheinlich in der Ausübung der gewöhnlichen Funktionen des Sicherheitsdienstes. Nun waren meinem von Rheinpreußen hergebrachten Gefühl die Begriffe »Gendarm« und

»Freiheit« unvereinbar, und es kostete den Schwanenwirt einige Mühe, mich verstehen zu machen, dass diese Gendarmen sich auf die Reichsverfassung hatten einschwören lassen, nun der provisorischen Regierung dienten und überhaupt ganz gute Kerle seien. Überhaupt fand ich, obgleich unzweifelhaft die Führer ihre sehr sorgenvollen Stunden hatten, die Bevölkerung im Ganzen in einer in hohem Grad gemütlichheiteren Stimmung, den Reiz des Augenblicks rückhaltlos genießend, scheinbar ohne sich viel mit dem Gedanken an das zu quälen, was der kommende Tag bringen werde. Das war eine allgemeine Sonntagsnachmittagslaune, ein wahrer Picknickhumor. (…)

Bei dem großen Völkerschacher auf dem Wiener Kongress nach den napoleonischen Kriegen war die Rheinpfalz an das Königreich Bayern gefallen. Aber wie sie geografisch nicht mit Altbayern zusammenhing, so hatte sich dort auch kein Gefühl der Zusammengehörigkeit mit dem Königreich entwickeln wollen. Ein wirklicher bayerischer Patriotismus wollte in der Pfalz nicht wachsen. Als nun die bayerische Regierung auch altbayerische Beamte in die Pfalz schickte, um die Pfälzer regieren zu helfen, wurden die gegenseitigen Beziehungen noch unfreundlicher. Die »hungrigen Altbayern«, hieß es, würden nach der reichen Pfalz geschickt, um sich füttern zu lassen. Das Verhältnis war demjenigen, das zwischen der preußischen Rheinprovinz und Altpreußen existiert hatte, nicht unähnlich. Die Pfälzer waren daher in beständiger Opposition gegen Altbayern, und diese Opposition würde hingereicht haben, sie in die Reihen der Liberalen zu treiben, wäre nicht das geweckte, lebhafte, aufgeklärte Völkchen von Natur aus zu einer liberalen Denkweise disponiert gewesen. Dass dieser Liberalismus bei den Pfälzern einen entschieden deutschnationalen Charakter trug, versteht sich von selbst. In der Tat hatte sich eine der berühmtesten nationalen Demonstrationen anfangs der dreißiger Jahre, das Hambacher Fest, auf pfälzischem Boden abgespielt, und unter den Führern der nationalen Bewegung gab es immer Pfälzer in vorderster Reihe.

Als nun der König von Bayern die von dem Frankfurter Nationalparlament gemachte Verfassung anzuerkennen verweigerte, brach in der Pfalz sofort die allgemeine Entrüstung in hellen Flammen aus. Es verstand sich bei den Pfälzern von selbst, dass, wenn der König von Bayern nicht deutsch sein wollte, die Pfalz aufhören müsse, bayerisch zu sein. Am 2. Mai wurde in Kaiserslautern eine große Volksversammlung abgehalten, in der alle liberalen Vereine der Pfalz vertreten waren. Diese Versammlung ernannte einen Landesverteidigungsausschuss, welcher den gefassten Beschlüssen gemäß die Regierung der Provinz in die Hände nehmen und für die Organisierung einer bewaffneten Macht sorgen sollte. (...)

Die heillose Verworrenheit, welche die Weigerung des Königs von Preußen, die Reichsverfassung und die Kaiserkrone anzunehmen, über Deutschland gebracht hatte, trat nun krass zutage. Wie schon erwähnt, forderte das Nationalparlament am 4. Mai durch Beschluss »die Regierungen, die gesetzgebenden Körper, die Gemeinden der Einzelstaaten, das gesamte deutsche Volk auf, die Verfassung des deutschen Reichs zur Anerkennung und Geltung zu bringen«. Da nun der König von Bayern die Reichsverfassung anzuerkennen verweigerte, so fühlten die Pfälzer mit vollem Recht, dass sie, indem sie sich gegen die bayerische Regierung erhoben, im

Sinne des Beschlusses des Nationalparlamentes handelten – in der Tat, dass sie einem Befehl der höchsten nationalen Autorität in Deutschland zu gehorchen suchten. Der Landesausschuss wandte sich also in durchaus logischer Weise durch die pfälzischen Abgeordneten im Nationalparlament an dieses und an die Provisorische Reichszentralgewalt um Anerkennung und Schutz. Die Reichszentralgewalt, an deren Spitze, wie bekannt, der österreichische Erzherzog Johann stand, schickte darauf einen Reichskommissar nach der Pfalz, um an Ort und Stelle »im Namen der Reichsgewalt alle zur Aufrechterhaltung oder Wiederherstellung der Gesetze in jenem Land erforderlichen Maßregeln zu ergreifen« und insbesondere Fürsorge zu treffen, dass gewisse vom Landesausschuss gefassten Beschlüsse wieder aufgehoben werden möchten. Der Reichskommissar erklärte auch die betreffenden Beschlüsse für aufgehoben, »bestätigte« aber den »Landesausschuss für Verteidigung und Durchführung der deutschen Reichsverfassung« und erklärte denselben für berechtigt, die Volkswehr zu organisieren, zu bewaffnen und auf die Reichsverfassung zu vereidigen und »gegen gewaltsame Angriffe auf die Reichsverfassung in der Pfalz äußerstenfalls selbstständig einzuschreiten«. Damit war nun dem Erzherzog-Reichsverweser keineswegs gedient.

Der Erzherzog Johann war ursprünglich dadurch, dass er eine Bürgerliche geheiratet und dass er sich auch durch politisch freisinnige Äußerungen bei dem österreichischen Hof missliebig gemacht, in den Geruch liberaler Gesinnungen gekommen und bei dem großen Publikum populär geworden. Dies hatte ihm im Jahre 1848 die Wahl zum Amt des Reichsverwesers eingetragen. Es war nun nicht unnatürlich, dass ihn darauf der Wunsch und die Hoffnung erfasste, er möge selbst die deutsche Kaiserkrone empfangen. Die Wahl des Königs von Preußen enttäuschte ihn gewaltig, und er machte seinem Unmut dadurch Luft, dass er dem Präsidium des Nationalparlaments sofort seine Abdankung von dem Reichsverweser-Amt ankündigte. Doch ließ er sich überreden, diese Abdankung vorläufig zurückzuhalten, und er tat dies denn auch umso williger, als er von dem österreichischen Hof die dringende Weisung empfing, ein so wichtiges Amt, solange es bestehe, nicht fahrenzulassen, da er darin den dynastischen Interessen Österreichs sehr wichtige Dienste leisten könne. Das dynastische Interesse Österreichs wurde aber damals so verstanden, dass unter keiner Bedingung ein König von Preußen deutscher Kaiser werden und dass überhaupt keine Konstituierung des deutschen Reichs, in der nicht die österreichische Gesamtmacht Platz fände und die Führerrolle spielte, zustande kommen dürfe. Die vom Nationalparlament gemachte Reichsverfassung war also dem österreichischen Hof ein Gräuel, und ihre Einführung musste mit allen Mitteln verhindert werden. Nun mag der Liberalismus des Erzherzogs Johann ursprünglich immer so echt gewesen sein – gewiss ist, dass ihm das monarchistische Interesse im Allgemeinen und das österreichische im Besonderen viel mehr am Herzen lag als die Reichsverfassung und die deutsche Einheit.

Da stellte sich denn folgende wahrhaft groteske Lage der Dinge heraus: Das deutsche Nationalparlament hatte sich in der Provisorischen Zentralgewalt, an deren Spitze der Reichsverweser Erzherzog Johann gestellt worden war, ein exekutives Organ gegeben, um seinem Willen Achtung zu verschaffen und seine Beschlüsse praktisch durchzuführen. Die bei weitem wichtigste seiner Willensäußerungen bestand in der von ihm gemachten deutschen Reichsverfassung und der Wahl des Königs von Preußen als deutscher Kaiser. Der König von Preußen weigerte sich, die Reichsverfassung als zu Recht bestehend anzuerkennen und die auf ihn gefallene Kaiserwahl anzunehmen. Das Nationalparlament forderte darauf nicht nur alle deutschen Regierungen, sondern auch die gesetzgebenden Körper und die Gemeinden der deutschen Einzelstaaten, ja, das ganze deutsche Volk auf, die Reichsverfassung zur Anerkennung und Geltung zu bringen. Das Volk der Pfalz tat genau das, wozu das Nationalparlament das deutsche Volk aufforderte. Es stand für die Reichsverfassung auf gegen den König von Bayern, welcher der Reichsverfassung seine Anerkennung versagte. Ein von der Reichszentralgewalt in die Pfalz geschickter Reichskommissar fühlte sich durch seine Loyalität dem Nationalparlament gegenüber und durch die Logik der Umstände gezwungen, den pfälzischen Landesausschuss für Verteidigung und Durchführung der Reichsverfassung zu bestätigen und zur Zurückweisung gewaltsamer Angriffe auf die Reichsverfassung für berechtigt zu erklären. Und was tat darauf der Reichsverweser, der zu dem Zwecke geschaffen worden und dessen oberste Pflicht darin bestand, den Willen des Nationalparlaments und besonders die Reichsverfassung zur Anerkennung und Geltung zu bringen? Er rief den Reichskommissar sofort zurück und schickte sich an, die Volksbewegung, die in Übereinstimmung mit dem Aufruf des Nationalparlaments zur Verteidigung und Durchführung der Reichsverfassung begonnen worden war, mit Waffengewalt zu unterdrücken. Und zu diesem Zweck wurden hauptsächlich preußische Truppen gewählt – Truppen desselben Königs, der im März 1848 feierlich versprochen hatte, sich an die Spitze der nationalen Bewegung zu stellen und Preußen in Deutschland aufgehen zu lassen, der dann zum deutschen Kaiser gewählt worden und nun diejenigen totzuschießen bereit war, die ihn tatsächlich zum Kaiser machen wollten.

Es ist zur Verteidigung dieser unerhörten Handlungsweise gesagt worden, dass dem Volksaufstand für die Reichsverfassung in der Pfalz und besonders demjenigen in Baden starke republikanische Tendenzen, Umsturzgelüste, beigemischt waren. Das ist richtig. Es ist aber ebenso wahr, dass, hätten die deutschen Fürsten in loyaler Weise, wie sie im März 1848 dem deutschen Volke das volle Recht gegeben hatten von ihnen zu erwarten, die Reichsverfassung angenommen, sie alle republikanischen Bestrebungen in Deutschland brach gelegt haben würden. Das deutsche Volk würde im Ganzen und großen zufrieden gewesen sein; ja, es würde sich unzweifelhaft sogar einige Änderungen der Reichsverfassung im monarchischen Sinne haben gefallen lassen. Und es ist nicht weniger wahr, dass die Weise, in welcher die Machthaber nach so vielen schönen Versprechungen die Hoffnung des deutschen Volkes auf nationale Einigung zu vereiteln suchten, nur zu gut geeignet war, allen Glauben an die nationale Gesinnung und die Loyalität der Fürsten zu zerstören und die Meinung zu verbreiten, dass nur auf republikanischem Wege eine einheitliche deutsche Nation geschaffen werden könne. Die Haltung des Königs von Preußen sowie der Könige von Bayern, Hannover und Sachsen stellten den national gesinnten Deutschen vor die klare Alternative, entweder alle deutschen Einheitsbestrebungen und alles, was damit an nationaler Freiheit, Macht und Größe zusammenhing, vorläufig aufzugeben oder dieselben auf dem Wege weiterzuführen, der von den Regierungen als revolutionär bezeichnet wurde. Die klägliche Geschichte Deutschlands während des nächsten Dezenniums hat schlagend bewiesen, dass diejenigen, welche die Situation im Jahre 1849 im Lichte dieser Alternativen auffassten, sie richtig auffassten.

Kehren wir nun zur Pfalz nach der Abberufung des Reichskommissars zurück. Zuerst wurden mit kleinen Truppenkörpern Versuche gemacht, der pfälzischen Bewegung Einhalt zu tun. Da dies jedoch nicht gelang und unterdes auch durch den Aufstand des Volkes und der Armee in Baden die Lage der Dinge viel ernster geworden war, so fing die preußische Regierung an, ein paar Armeekorps mobilzumachen und sich auf einen förmlichen Feldzug vorzubereiten. Es waren gerade diese Vorbereitungen, die durch die verschiedenen Aufstandsversuche in den preußischen Westprovinzen hatten verhindert werden sollen. Die Pfalz blieb nun mittlerweile eine Zeit lang unangegriffen, und das gutmütige, zu sanguinischen Anschauungen geneigte Völkchen sah in dieser zeitweiligen Ruhe ein Zeichen, dass die Fürsten, auch der König von Preußen, sich doch scheuten, einen offenen Waffengang zu unternehmen, weil sich für die große Sache der deutschen Einheit und Freiheit wahrscheinlich die anderen Völkerschaften ebenso begeistern würden wie die Pfälzer und die Badenser. Man gab sich daher gern dem Glauben hin, dass die Erhebung ebenso heiter enden werde, wie sie begonnen hatte; und dies erklärt die Tatsache, dass die lustige Stimmung inmitten der revolutionären Ereignisse, die ich als Picknickhumor beschrieb, eine gute Weile vorhielt. Nicht wenige der Führer wiegten sich auch in diese Vertrauensseligkeit ein, und als nun der Landesausschuss gar den offiziellen Titel einer »provisorischen Regierung« annahm, da freute man sich des Gefühls, dass nun die »Fröhliche Pfalz, Gott erhalt's« der bayerischen Wirtschaft für immer ledig sei und als hübsche kleine Republik und Bestandteil des großen deutschen Freistaates sich fortan werde ersprießlich selbst regieren können.

Die Verständigeren und Weitersehenden verhehlten sich jedoch nicht, dass, wie die Dinge sich nun einmal gestaltet hatten, es sich hier um einen Entscheidungskampf mit einer antinationalen und antiliberalen Reaktion handle, die bei dieser Gelegenheit ihre ganze wohlorganisierte Macht, wenn nötig, bis zu den letzten Reserven aufbieten werde, und dass dieser Macht gegenüber sich die Hilfsmittel der Pfalz und Badens bedenklich gering ausnahmen. (...)

Es würde wahrscheinlich nicht schwer gewesen sein, in der Pfalz ein aus rüstigen jungen Leuten bestehendes Armeekorps von zwanzig- bis fünfundzwanzigtausend Mann zu bilden, wäre die provisorische Regierung mit dem nötigen Kriegszeug versehen gewesen. Freiwillige meldeten sich in Menge; aber da man ihnen keine Musketen in die Hände geben, sondern sie nur darauf verweisen konnte, sich so gut es ging mit Sensen und Spießen zu bewaffnen, so verliefen sich viele davon. Ein Versuch, Musketen von Belgien einzuführen, misslang, da man naiverweise die Ladung durch preußisches Gebiet den Rhein herauf hatte kommen lassen, wo sie natürlich von den wachsamen Preußen abgefasst wurde.

Eine Überrumpelung der in der Pfalz gelegenen Festung Landau, die bedeutende Vorräte enthielt, schlug ebenfalls fehl. So blieb denn der Waffenmangel eine der drückendsten Sorgen der provisorischen Regierung. (...)

Nach etwa sechswöchentlicher Arbeit hatte man in der Pfalz nicht mehr als sieben- bis achttausend Mann zum großen Teil schlecht bewaffneter und durchweg schlecht disziplinierter Truppen. In Baden war man viel besser bestellt. Die gesamte Infanterie und Artillerie sowie der größte Teil der Kavallerie des Großherzogtums Baden hatten sich der Volksbewegung angeschlossen und präsentierten ein wohlausgerüstetes Armeekorps von etwa fünfzehntausend Mann. Zugleich war die Festung Rastatt mit ihren Waffen-, Munitions- und Montierungsvorräten in die Hände der Aufständischen gefallen. Neugebildete Organisationen konnten also bequem mit dem Nötigen versehen werden, und so hätte sich dort ohne allzu große Schwierigkeit eine mehr oder minder schlagfähige Armee von vierzig- bis fünfzigtausend Mann herstellen lassen. Freilich hatten sich, mit wenigen Ausnahmen, die Offiziere zum Großherzog gehalten und von ihren Truppen getrennt. Aber ihre Stellen waren mit avancierten Unteroffizieren besetzt worden, und unter diesen gab es tüchtige Leute in hinreichender Anzahl, um unter den Liniensoldaten die Disziplin einigermaßen aufrechtzuerhalten. So erschien denn der badische Aufstand in ziemlich stattlicher Rüstung.

Aber die pfälzischen und badischen Führer hätten von vornherein mit der Tatsache rechnen müssen, dass die äußerste Anstrengung der Kräfte der beiden kleinen Länder nicht hinreichen konnte, der vereinigten Macht der deutschen Fürsten oder selbst Preußen allein die Spitze zu bieten. Es gab keine Hoffnung des Erfolges, wenn sich nicht die Volkserhebung über Baden und die Pfalz hinaus auf das übrige Deutschland ausbreitete.

Ich kann mich nicht rühmen, die Situation damals so klar durchschaut zu haben wie später. Freilich hatte ich eine Ahnung davon; aber dann tröstete ich mich mit dem Gedanken, die Führer, viel ältere Leute als ich, müssten doch besser wissen, was zu tun sei; und schließlich hielt mich mein hoffnungsvoller Jugendmut aufrecht, der mir wieder und wieder sagte, eine so gerechte Sache wie die unsrige könne unmöglich untergehen. Schon am Tage nach meiner Ankunft in Kaiserslautern hatte ich mich in eins der Volkswehrbataillone, die organisiert wurden, als Soldat wollen einreihen lassen. Aber Anneke riet mir, damit nicht zu eilig zu sein, sondern mich ihm anzuschließen; da er Chef der pfälzischen Artillerie sei, so könne er mir eine meinen Fähigkeiten mehr angemessene Stellung verschaffen. In der Tat brachte er mir ein paar Tage darauf ein Leutnantspatent, das er mir von der provisorischen Regierung erwirkt hatte, und so wurde ich Aide de camp im Stab des Artilleriechefs. Kinkel fand Verwendung als einer der Sekretäre der provisorischen Regierung. Die pfälzische Artillerie bestand nur aus den Böllern der rheinhessischen Freikorps, aus einem halben Dutzend ähnlicher kleiner Kanonen, von denen man sagte, sie würden im Gebirgskrieg recht nützlich sein, und aus einer später von der badischen provisorischen Regierung erstandenen Sechspfünderbatterie. (...)

Der Angriff, den die fröhlichen Pfälzer, wenigstens viele davon, so lange für unwahrscheinlich gehalten hatten, kam nun wirklich. Am 12. Juni rückte eine Abteilung preußischer Truppen über die Grenze. Wären die Flüche, die das sonst so gutmütige Völkchen den Preußen entgegenschleuderte, alle Kanonenkugeln gewesen, so hätte das preußische Korps schwerlich standhalten können. Aber die wirklichen Streitkräfte, über welche die provisorische Regierung der Pfalz gebot, waren so gering und befanden sich in einem so wenig schlagfertigen Zustand, dass an eine erfolgreiche Verteidigung des Landes nicht zu denken war. Man musste daher ein Zusammentreffen mit den Preußen vermeiden; und so kam es, dass die erste militärische Operation, an der ich teilnahm, in einem Rückzug bestand.

Einige Tage vorher hatte mein Chef, der Oberstleutnant Anneke, mich instruiert, zu jedem Augenblick marschbereit zu sein, was mir nicht schwerfiel, da mein Gepäck sehr bescheiden war. Es wurde mir auch ein Pferd zugewiesen, ein hübsches, hellbraunes Tier; und da ich das Reiten noch nicht verstand, so schickte mich Anneke in eine Reitbahn, wo ein Reitmeister mich aufsitzen hieß, mir in kurzen Worten den Schluss mit den Beinen und die Handgriffe der Führung erklärte, worauf er mit seiner Peitsche auf das Pferd einhieb, das in ziemlich wilden Sätzen mit mir umhersprang, bis ich seiner mächtig wurde. »So«, sagte der Reitmeister, »jetzt haben Sie genug für diese Gelegenheit. Das andere lernen Sie schon auf dem Marsch.« Ich wurde auch mit einer Kavalleriereithose ausgestattet, die so schwer mit Leder besetzt war, dass sich nur mit Mühe darin zu Fuß gehen ließ. Der Reitmeister hatte recht gehabt. Die fortwährende Übung im aktiven Dienst machte mich bald zu einem sattelfesten und nicht ungeschickten Reiter.

Obgleich der Einmarsch der Preußen und der Befehl zum Rückzuge der pfälzischen Truppen von den Wohlunterrichteten schon mehrere Tage erwartet worden, so hatten diese Ereignisse doch die Wirkung, die gemütliche Verwirrung, die seit dem Ausbruch des Aufstandes in Kaiserslautern geherrscht hatte, bedeutend zu erhöhen und zu einer recht ungemütlichen zu machen. Des Befehlens und Anordnens und Widerrufens von Befehlen war kein Ende, und das Durcheinander wuchs von Stunde zu Stunde, bis es endlich zum wirklichen Aufbruch kam. Wenn ich nicht irre, war es in der Nacht vom 13. auf den 14. Juni. Mit unserer Artillerie gab's allerdings nicht viel Schwierigkeit, da sie, wie schon erzählt, aus sehr wenigen Stücken bestand. Um zwei Uhr nachts stiegen wir zu Pferde. Ein Nachtmarsch ist fast immer eine trübselige Geschichte, besonders aber ein Nachtmarsch rückwärts. Doch muss ich gestehen, dass mich das dumpfe Rollen der Räder auf der Straße, das summende und schurrende Geräusch der Marschkolonne, das leise Schnauben der Pferde und das Klirren der Säbelscheiden in der Finsternis als etwas besonders Romantisches berührte. Darin fand ich viel Sympathie bei der Frau meines Chefs, Mathilde Franziska Anneke[18], einer noch jungen Frau von auffallender Schönheit, vielem Geist, großer Herzensgüte, poetisch feurigem Patriotismus und ausgezeichneten Charaktereigenschaften, die ihren Mann auf diesem Zuge zu Pferde begleitete.

Mit Sonnenaufgang nach diesem ersten Nachtmarsch fanden wir uns bei Frankenstein in einem scharf einge-

18 Siehe den Mathilde Anneke-Band dieser Edition, darin eine ausführliche Schilderung der pfälzisch-badischen Erhebung.

schnittenen Tal zwischen mittelhohen Bergrücken, wo wir quer über die Straße nach Neustadt eine Defensivstellung einnahmen. Ein kalter Morgen bringt unter solchen Umständen ein Gefühl durchaus unromantischer Nüchternheit mit sich, und ich machte die Erfahrung, dass dann ein warmer Trunk, sei der Kaffee auch noch so dünn, und ein Stück Brot zu den großen Wohltaten des Lebens gehören. Die Preußen drängten nicht scharf nach, und wir blieben den Tag über durchaus ungestört bei Frankenstein im Biwak. (...) Hier und da erscholl der Ruf, dass man nun die »sakermentschen Preußen« erwarten solle. Aber der Rückzug wurde doch fortgesetzt und die Pfalz ohne Schwertstreich gänzlich aufgegeben. Am 19. Juni gingen wir, etwa sieben- bis achttausend Mann stark, bei Knielingen über den Rhein auf badisches Gebiet und marschierten nach Karlsruhe.

Unser Einzug in die saubere, geschniegelte Hauptstadt des Großherzogtums Baden brachte unter den Einwohnern eine Sensation hervor, die dem pfälzischen Korps von Freiheitskämpfern keineswegs schmeichelhaft war. Die an das schmucke großherzogliche Militär gewöhnten Karlsruher Bürger schienen das Malerische und Romantische in dem Aussehen der pfälzischen Truppen durchaus nicht zu würdigen, sondern eher geneigt zu sein, ihre Türen und Läden zu schließen und ihre Habseligkeiten in Sicherheit zu bringen, wie man sich vor einer Räuberbande zu retten sucht. Wenigstens trugen die Gesichter vieler der Leute, die unseren Einmarsch beobachteten, unverkennbar den Ausdruck entschiedenen Widerwillens und ängstlicher Besorgnis. Wir trösteten uns mit dem Gedanken, der auch recht kräftigen Ausdruck fand, dass die Einwohnerschaft dieser

Residenzstadt hauptsächlich aus Hofgesinde und Beamtenvolk bestehe und dass sie im Grunde des Herzens gut großherzoglich gesinnt sei und die Revolution grimmig hasse, wenn auch manche davon in den letzten Wochen die Republikaner gespielt hätten. (...) Noch an demselben Tage wurden uns Lager außerhalb der Stadt angewiesen, und schon am 20. Juni marschierten wir nordwärts zur Unterstützung der badischen Armee, die unterdessen ins Gedränge gekommen war.

Diese badische Armee hatte die Nordgrenze des Großherzogtums gegen den Reichsgeneral Peucker[19] verteidigt. Gerade beim Ausbruch der Feindseligkeiten erhielt sie den polnischen General Mieroslawski[20] zum Oberkommandeur. Er war ein noch junger Mann, hatte im letzten polnischen Aufstand Fähigkeit und Bravour bewiesen, besaß aber keine Kenntnisse der örtlichen Verhältnisse und konnte nicht deutsch sprechen. Jedenfalls war er dem alten Sznayde[21] weit vorzuziehen. Am 20. Juni gingen die Preußen bei Philippsburg von der Pfalz aus über den Rhein und kamen so der badischen Armee in den Rücken. Miroslawski wendete sich mit einer raschen Bewegung gegen sie, hielt sie durch einen entschlossenen Angriff bei Waghäusel fest und führte dann

19 Eduard von Peucker (1791–1876), preußischer General der Infanterie.

20 Ludwik Mieroslawski (1814–1878), ein polnischer Revolutionär, wurde wegen seiner militärischen Erfahrungen bei Aufständen in Polen nach Baden gerufen und zum Oberbefehlshaber der badischen Revolutionsarmee ernannt. Er schloss sich später (ab 1861) Guiseppe Garibaldis Unabhängigkeitskampf in Italien an.

21 Franz Sznayde (1790–1850), polnischer Kavallerieoffizier, übernahm im Mai 1849 den Oberbefehl über die Verbände der Aufständischen in der Rheinpfalz.

einen geschickten Flankenmarsch aus, welcher ihn zwischen den Preußen und den Peuckerschen Reichstruppen durchführte und mit dem pfälzischen Korps und den vom Oberlande herankommenden badischen Reserven in Verbindung brachte. Das Gefecht bei Waghäusel war für die badischen Truppen keineswegs ein unrühmliches. Wir hörten den Kanonendonner, als wir über Bruchsal heranmarschierten, und bald gingen auch Gerüchte von einem großen über die Preußen erfochtenen Sieg um. Die weitere Nachricht, dass Mieroslawski auf dem Rückzug sei, die württembergische Grenze entlang, und dass wir seine Flanke zu decken hätten, störte uns wenig in dem Glauben an den »Sieg bei Waghäusel«, dessen Früchte, wie es hieß, durch den »Verrat« des Dragonerobersten, der den geschlagenen Feind verfolgen sollte, verloren gegangen seien. Am 23. Juni rückten wir nach Ubstadt vor, und dort empfingen wir die Kunde, dass wir am nächsten Morgen mit dem preußischen Vortrab zusammentreffen und uns zu schlagen haben würden. Die Aufträge, die ich von meinem Chef empfing, hielten mich bis nach Einbruch der Dunkelheit zu Pferde, und es war spät, als ich mein Quartier im Wirtshaus zu Ubstadt erreichte.

Auch am anderen Morgen, dem Morgen vor der Schlacht, wollte mir nicht feierlich zumute werden. Es schien mir fast, als ob über solche Stimmungen sehr viel Unwirkliches fantasiert würde. In meinem späteren Leben habe ich die Erfahrung gemacht, dass sie allerdings vorkommen, aber doch nur ausnahmsweise. Gewöhnlich wenden sich die Gedanken am Morgen vor der Schlacht einer Menge von Dingen prosaischer Natur zu, unter denen das Frühstück eine nicht unwichtige Stelle einnimmt. So ging es uns auch an jenem Morgen in Ubstadt. Wir waren beizeiten im Sattel und sahen bald in einiger Entfernung vor unserer Front blinkende Lanzenspitzen auftauchen, die sich uns mit mäßiger Schnelligkeit näherten. Dies bedeutete, dass die Preußen eine oder mehrere Schwadronen Ulanen als Plänkler vorgeschickt hatten, denen die Infanterie und Artillerie demnächst zum Angriff folgen würden. So verschwanden denn die Ulanen, nachdem sie aus ihren Karabinern einige Schüsse abgegeben, die von unserer Seite erwidert wurden, und dann entwickelte sich immer lebhafter das Geknatter des Infanteriefeuers. Bald wurden auch auf beiden Seiten Geschütze aufgefahren, und die Kanonenkugeln flogen mit ihrem eigentümlichen Sausen herüber und hinüber, ohne viel Schaden zu tun. Anfangs war meine Aufmerksamkeit gänzlich in Anspruch genommen durch die Befehle, die mein Chef mir zu überbringen oder auszuführen gab. Aber nachdem unsere Artillerie postiert war und wir ruhig zu Pferde in ihrer Nähe hielten, hatte ich Muße genug, mir meine Gedanken und Gefühle zum Bewusstsein kommen zu lassen. Ich erlebte da wieder eine Enttäuschung. Ich war zum ersten Mal im Feuer. Ganz ruhig fühlte ich mich nicht. Die Nerven waren in nicht gewöhnlicher Erregung. Aber diese Erregung war weder die der heroischen Kampfesfreude noch die der Furcht. Da die feindlichen Geschütze zunächst ihr Feuer auf unsere Artillerie richteten, so sauste eine Kanonenkugel nach der andern dicht über unsere Köpfe, wo wir standen. Ich fühlte zuerst eine starke Neigung, wenn ich dies Sausen recht nahe über mir hörte, mich zu ducken; aber es fiel mir ein, dass sich dies für einen Offizier nicht schicke, und so blieb ich denn stramm aufrecht. Ebenso zwang ich mich, nicht zu zucken, wenn eine Musketenkugel dicht bei meinem Ohr vorbeipfiff. Die Verwundeten, die vorübergetragen wurden, erregten mein lebhaftes Mitgefühl; aber der Gedanke, dass mir im nächsten Augenblick ähnliches passieren könne, kam mir nicht in den Sinn. Ich sah ein Volkswehrbataillon, welches gegen eine feindliche Batterie geführt worden war, in Unordnung zurückkommen und sprengte, einem plötzlichen Impuls gehorchend, hinüber, um das Bataillon ordnen und wieder vorführen zu helfen – war aber auch ganz zufrieden, als ich bemerkte, wie der Bataillonsführer dies selbst besorgte. Als nun später mein Chef mich wieder mit Befehlen hin und her schickte, verging mir das bewusste Empfinden ganz, und ich dachte an nichts als den auszuführenden Auftrag und den Gang des Gefechts, wie ich ihn beobachten konnte. (...)

Übrigens war das Gefecht bei Ubstadt eine verhältnismäßig geringfügige Affäre – von unserer Seite nur dazu bestimmt, den Feind eine kurze Weile in seinem Vormarsch aufzuhalten, bis sich die badische Armee wieder in unserem Rücken geordnet haben könne, und uns langsam auf diese zurückzuziehen. Bei Ubstadt wurde diese Instruktion in ziemlich ordentlicher Weise ausgeführt. (...) Am nächsten Tag hatten wir ein ansehnliches Gefecht mit der preußischen Vorhut bei Bruchsal, welches wieder mit einem Rückzuge endete, diesmal aber nicht in gleicher Ordnung. Wie das bei Volksaufständen nicht selten ist, fingen die aufgeregten Leute an, den unglücklichen Verlauf des Unternehmens dem »Verrat« irgendeines Führers zuzuschreiben, und bei dieser Gelegenheit erhob sich dieser Schrei gegen den armen General Sznayde, der auf dem Rückzug bei Durlach plötzlich von einer Rotte meuterischer Freischärler umringt und vom Pferd gerissen wurde. Er verschwand dann vom Schauplatze der Aktion, und die pfälzischen Truppen wurden dem badischen Armeekommando unterstellt.

An der Murglinie, den linken Flügel an die Festung Rastatt angelehnt, nahm das vereinigte badisch-pfälzische Heer seine letzte Defensivstellung und schlug sich am 28., 29. und 30. Juni teilweise recht brav, wenn auch erfolglos. Am Nachmittag des 30. Juni schickte mich mein Chef mit einem Auftrag, Artilleriemunition betreffend, in die Festung Rastatt und instruierte mich, ihn im Fort B., einer der großen Bastionen, von denen man das Gefechtsfeld draußen übersah, zu erwarten; er werde bald nachkommen. Ich entledigte mich meines Auftrags, begab mich an den von Anneke bestimmten Platz, band mein Pferd an die Lafette eines Festungsgeschützes und setzte mich auf den Wall nieder, wo ich, nachdem ich das Gefecht eine Zeit lang beobachtet hatte, trotz dem Kanonendonner fest einschlief. Als ich erwachte, war die Sonne am Untergehen. Ich fragte die umstehenden Artilleristen nach Anneke, aber niemand hatte ihn gesehen. Ich wurde unruhig und bestieg mein Pferd, um die Stadt zu verlassen und meinen Chef draußen aufzusuchen. Am Tor angekommen, empfing ich von dem wachhabenden Offizier die Nachricht, dass ich nicht mehr hinauskönne; unser Hauptkorps sei gegen Süden zurückgedrängt worden und die Festung von den Preußen vollständig eingeschlossen. Ich galoppierte nach dem Hauptquartier des Festungskommandanten auf dem Schloss und erfuhr dort die Bestätigung des Gehörten. Der Gedanke, in der Stadt bleiben zu müssen und Preußen ringsumher, traf mich wie ein unheilvolles Schicksal. Ich konnte mich nicht darein ergeben und fragte immer wieder, ob denn da gar kein Ausweg sei, bis endlich ein dabeistehender Offizier mir sagte: »Mir ist gerade so zumut wie Ihnen. Ich gehöre auch nicht hierher und habe an allen Punkten versucht durchzubrechen, aber es war umsonst. Wir müssen uns eben fügen und hierbleiben.« Von Anneke fand ich keine Spur. Er hatte entweder die Stadt längst verlassen oder war vielleicht gar nicht hereingekommen. (...)

Dass unsere Sache, wenn nicht ein Wunder geschah, verloren war, konnte ich mir nun nicht mehr verhehlen. Und was ein solches Wunder hätte sein mögen, konnte selbst meine jugendliche Hoffnungsfreudigkeit sich nicht mehr vorstellen. Übergehen der preußischen Landwehren zum Volksheer? Das wäre nur möglich gewesen am Anfange des Feldzuges, wenn überhaupt. Nach einer Reihe von Niederlagen war diese Möglichkeit geschwunden. Ein großer Sieg der Unsrigen im Oberlande? Undenkbar, da der Rückzug von der Murglinie unzweifelhaft unsere Streitmacht mehr durch Demoralisation schwächen musste, als sie durch Zuzug verstärkt werden konnte. Große Siege der Ungarn im Osten? Aber die Ungarn waren weit entfernt und die Russen im Anzuge gegen sie. Eine neue Volkserhebung in Deutschland? Aber der revolutionäre Impuls hatte sich offenbar erschöpft. Da saßen wir denn in einer Festung, von den Preußen eingeschlossen. Eine längere Verteidigung der Festung konnte unserer Sache nicht mehr dienen – oder nur insofern, als sie bewies, dass ein Volksheer auch Mut besitzen und der militärischen Ehre Rechnung tragen kann. Aber unter allen Umständen konnte die Festung sich nur eine beschränkte Zeit halten. Und dann? Kapitulation. Und dann? Wir würden den Preußen in die Hände fallen. Nun war der

Oberbefehlshaber der preußischen Truppen in Baden der Prinz von Preußen, in welchem damals niemand den später so populären und gefeierten Kaiser Wilhelm I. vermutete. Er galt zu jener Zeit für den schlimmsten Feind aller freiheitlichen Bestrebungen. Das allgemein geglaubte Gerücht, dass er es gewesen sei, der am 18. März 1848 in Berlin den Befehl gegeben habe, auf das Volk zu schießen, hatte ihm im Volksmund den Titel »der Kartätschenprinz« eingetragen. (...)

Dass er im Jahr 1849, als seinem Bruder Friedrich Wilhelm IV. die deutsche Kaiserkrone angeboten wurde, zu denen gehörte, die eine günstige Erwägung dieses Anerbietens empfahlen, und dass, wäre er statt seines Bruders König von Preußen gewesen, die Krisis wahrscheinlich eine den deutschen Einheitsbestrebungen ersprießlichere Lösung gefunden haben würde, wusste man damals noch nicht. Auch würde eine solche Kunde schwerlich geglaubt worden sein, denn man hielt den Prinz von Preußen für einen ehrlichen und durchaus unverbesserlichen Absolutisten, der standhaft daran glaubte, dass die Könige von Gott eingesetzt und nur Gott Rechenschaft schuldig seien; dass das Volk nichts mit den Geschäften der Regierung zu tun haben dürfe; dass eine Auflehnung gegen die Königsgewalt einer direkten Beleidigung Gottes gleichkomme und dass es eine gebieterische Pflicht der Gewalthaber sei, über ein solches Verbrechen die erdenklich schwerste Strafe zu verhängen. So erschien der Prinz von Preußen dem Volk auch als ein fanatischer Soldat, dem die preußische Armee ein Herzensidol war – der in ihr das Schwert Gottes, das Bollwerk der Weltordnung sah, in dessen Augen ein preußisches Landeskind, das gegen die preußische Armee kämpfte, ein unsühnbares, dem Elternmord an Fluchwürdigkeit nicht nachstehendes Verbrechen beging und von dem ein solcher Verbrecher keine Gnade erwarten dürfe. Wir geborenen Preußen hatten also, wenn wir in die Hände des Prinzen Wilhelm fielen, die beste Aussicht, standrechtlich erschossen zu werden – besonders diejenigen, die wie ich gerade in den militärdienstpflichtigen Jahren standen. Und dabei erinnerte ich mich, dass ich kurz vor der Siegburger Affäre vor der königlichen Aushebungskommission hatte erscheinen müssen, welche, indem sie meine Eingabe um Zulassung als Einjährig-Freiwilliger willkürlich übersah, mich für ein Kürassierregiment bestimmte, mit Aussicht auf baldige Einberufung. Für mich würde es also gewiss keine Nachsicht geben. (...)

Da kam eines Tages – es war in der dritten Woche der Belagerung – ein preußischer Parlamentär in die Festung, der mit einer Aufforderung zur Übergabe zugleich die Nachricht brachte, dass die badisch-pfälzische Armee längst auf schweizerisches Gebiet übergetreten sei und damit aufgehört habe zu existieren; dass kein bewaffneter Insurgent mehr auf deutschem Boden stehe und dass das preußische Oberkommando irgendeinem Vertrauensmann, den die Besatzung von Rastatt hinausschicken möchte, um sich von diesen Tatsachen zu überzeugen, zur Ausführung dieses Auftrags Freiheit der Bewegung und sicheres Geleit gewähren wolle. Dieses Ereignis verursachte gewaltige Aufregung. Sofort versammelte der Gouverneur in dem Hauptsaal des Schlosses einen großen Kriegsrat, bestehend, wenn ich mich recht erinnere, aus allen Offizieren der Besatzung vom Kapitän aufwärts. Nach stürmischer Beratung wurde beschlossen, das Anerbieten des preußischen Oberkommandos anzunehmen, und Oberstleutnant Corvin[22] empfing den Auftrag, die Lage der Dinge draußen zu erforschen und, falls er sie den Angaben des preußischen Parlamentärs entsprechend fände, um eine möglichst günstige Kapitulation für die Besatzung von Rastatt zu unterhandeln. (...)

Am zweiten Morgen nach Corvins Abreise wurde ich von dem Geräusch schwerer Schritte, rasselnder Säbel und verworrener Stimmen geweckt. Aus dem, was ich sah und hörte, schloss ich, dass Corvin von seiner Sendung zurückgekehrt war und dass der große Kriegsrat sich wieder versammelte. Der Gouverneur trat ein, gebot Ruhe und ersuchte Corvin, der an seiner Seite stand, vor der ganzen Versammlung seinen Bericht mündlich abzustatten. Corvin erzählte also, er sei, von einem preußischen Offizier begleitet, bis an die Grenze der Schweiz gefahren und habe sich an Ort und Stelle überzeugt, dass es in Baden keine Revolutionsarmee, ja, keinen Widerstand irgendwelcher Art gegen die preußischen Truppen mehr gäbe. Die Revolutionsarmee sei auf das schweizerische Gebiet übergetreten und habe natürlich an der Grenze ihre Waffen und ihre ganze kriegerische Ausrüstung abgeben müssen. Auch im übrigen Deutschland sei, wie er sich durch die Zeitungen unterrichtet habe, keine Spur von revolutionärer Bewegung mehr übrig, überall Unterwerfung und Ruhe. Selbst die Ungarn seien durch die russi-

22 Otto von Corvin (1812–1886), Schriftsteller (u.a. »Der Pfaffenspiegel«), war bereits militärischer Ausbilder der Deutschen Demokratischen Legion in Paris und nahm 1848 am Heckerzug teil. Nach Übergabe der Festung Rastatt wurde er zum Tode verurteilt, das Urteil jedoch in sechs Jahre Einzelhaft umgewandelt. Nach der Haft berichtete er als freier Journalist aus Großbritannien und den USA.

sche Intervention in große Bedrängnis geraten und würden bald unterliegen müssen. Kurz, die Besatzung von Rastatt sei gänzlich verlassen und könne von keiner Seite auf Entsatz hoffen. Und schließlich, setzte Corvin hinzu, sei ihm im preußischen Hauptquartier angekündigt worden, dass das preußische Oberkommando die Übergabe der Festung auf Gnade oder Ungnade verlange und sich auf keinerlei Bedingungen einlassen werde.

Eine tiefe Stille folgte dieser Rede. Jeder der Zuhörer fühlte, dass Corvin die Wahrheit gesprochen. Endlich nahm jemand – ich erinnere mich nicht, wer – das Wort und stellte einige Fragen. Dann gab es ein Gewirr von Stimmen, in welchem man einige Hitzköpfe von »Sterben bis zum letzten Mann« und dergleichen sprechen hörte, bis der Gouverneur einem ehemaligen preußischen Soldaten, der in der Pfalz Offizier geworden war, Gehör verschaffte. Dieser sagte, er sei so bereit wie irgendeiner, unserer Sache seinen letzten Blutstropfen zu opfern, und wir Preußen, wenn wir in die Hände der Belagerungsarmee fielen, müssten wahrscheinlich sowieso sterben. Aber er rate die sofortige Übergabe der Festung an. Tue man's heute nicht, so werde man es morgen tun müssen. Man solle nicht die Bürger der Stadt mit ihren Weibern und Kindern auch noch einer Hungersnot und einer weiteren Beschießung aussetzen, und alles dies umsonst. Es sei Zeit, ein Ende zu machen, was auch mit uns geschehen möge. – Es ging ein Gemurmel durch den Saal, dass dieser Mann vernünftig gesprochen; und so wurde denn der Beschluss gefasst, dass Corvin noch einmal versuchen solle, für die Offiziere und Mannschaften der Besatzung im preußischen Hauptquartier günstige Bedingungen zu erwirken.

Wenn er aber nach gemachtem Versuch die Unmöglichkeit einsehe, solche Bedingungen zu erhalten, so solle er für die Übergabe auf Diskretion die nötigen Bestimmungen abschließen. Als wir den Saal verließen, fühlten wohl die meisten von uns, dass an etwas anderes als an eine Kapitulation auf Gnade oder Ungnade kaum zu denken sei. (…)

Um zwölf Uhr mittags sollten die Truppen aus den Toren marschieren und draußen auf dem Glacis der Festung vor den dort aufgestellten Preußen die Waffen strecken. Die Befehle waren bereits ausgefertigt. Ich ging nach meinem Quartier am Marktplatz, um meinen letzten Brief an meine Eltern zu schreiben. Ich dankte ihnen darin für alle Liebe und Sorge, die sie mir erwiesen, und bat sie, mir zu verzeihen, wenn ich ihnen ihre Ergebenheit jemals übel vergolten oder ihre Hoffnungen getäuscht hätte. Ich sagte ihnen, ich habe, meiner ehrlichen Überzeugung folgend, für die Sache des Rechts und des deutschen Volks die Waffen ergriffen, und dass, wenn es mein Los sein sollte, sterben zu müssen, es ein ehrenhafter Tod sein werde, dessen sie sich nicht zu schämen brauchten. Diesen Brief übergab ich dem guten Herrn Nusser, meinem Wirt, der mir mit Tränen in den Augen versprach, ihn der Post zu übergehen, sobald die Stadt wieder offen sein werde.

Unterdessen nahte die Mittagsstunde. Ich hörte bereits die Signale zum Antreten auf den Wällen und in den Kasernen, und ich machte mich fertig, zum Hauptquartier hinaufzugehen. Da schoss mir plötzlich ein neuer Gedanke durch den Kopf.

Ich erinnerte mich, dass ich vor wenigen Tagen auf einen unterirdischen Abzugskanal für das Straßenwasser aufmerksam gemacht worden war, der bei dem Steinmauerner Tor aus dem Innern der Stadt unter den Festungswerken durch ins Freie führte. Er war wahrscheinlich ein Teil eines unvollendeten Abzugssystems. Der Eingang des Kanals im Innern der Stadt befand sich in der Fortsetzung eines Grabens oder einer Gosse, nahe bei einer Gartenhecke, und draußen mündete er in einem von Gebüsch überwachsenen Graben an einem Welschkornfeld. Sobald diese Umstände zu meiner Kenntnis gekommen waren, hatte ich daran gedacht, dass, wenn die inneren und äußeren Mündungen dieses Kanals nicht scharf bewacht würden, Kundschafter sich durch ihn ein- und ausschleichen könnten. Ich machte Meldung davon, aber sogleich darauf kam die Unterhandlung mit dem Feind, die Sendung Corvins und die Aufregung über die bevorstehende Kapitulation, die mir die Kanalangelegenheit aus dem Sinne trieben. Jetzt im letzten Moment vor der Übergabe kam mir die Erinnerung wie ein Lichtblitz zurück. Würde es mir nicht möglich sein, durch diesen Kanal zu entkommen? Würde ich nicht, wenn ich so das Freie erreichte, mich bis an den Rhein durchschleichen, dort einen Kahn finden und nach dem französischen Ufer übersetzen können? Mein Entschluss war schnell gefasst – ich wollte es versuchen.

Ich rief meinen Burschen, der zum Abmarsch fertig geworden war.

»Adam«, sagte ich, »Sie sind ein Pfälzer und ein Volkswehrmann. Ich glaube, wenn Sie sich den Preußen ergeben, so wird man Sie bald nach Hause schicken. Ich bin ein Preuße, und uns Preußen werden sie wahrscheinlich totschießen. Ich will daher versuchen davonzukommen, und ich weiß, wie. Sagen wir also adieu!«

»Nein«, rief Adam, »ich verlasse Sie nicht, Herr Leutnant. Wohin Sie gehen, gehe ich auch.« Die Augen des guten Jungen glänzten vor Vergnügen. Er war mir sehr zugetan.

»Aber«, sagte ich, »Sie haben nichts dabei zu gewinnen, und wir werden vielleicht große Gefahr laufen.«

»Gefahr oder nicht«, antwortete Adam entschieden, »ich bleibe bei Ihnen.«

In diesem Augenblick sah ich draußen einen mir bekannten Artillerieoffizier namens Neustädter vorübergehen. Er war wie ich in Rheinpreußen zu Hause und hatte früher in der preußischen Artillerie gedient.

»Wo gehen Sie hin, Neustädter?« rief ich ihm durchs Fenster zu.

»Zu meiner Batterie«, antwortete er, »um die Waffen zu strecken.«

»Die Preußen werden Sie totschießen«, entgegnete ich. »Gehn Sie doch mit mir, und versuchen wir davonzukommen.«

Er horchte auf, kam ins Haus und hörte meinen Plan, den ich ihm mit wenigen Worten darlegte. »Gut«, sagte Neustädter, »ich gehe mit Ihnen.«[23]

23 Nach einem ersten gescheiterten Versuch am 23. Juli, der Fluchtkanal hatte sich durch heftigen Regen gefährlich mit Wasser gefüllt, gelang die Flucht vier Tage später, währenddessen sie sich versteckt gehalten hatten, tatsächlich. Ein Helfer brachte sie schließlich in seinem Kahn über den Rhein nach Elsass, von wo aus Schurz zu Fuß über Straßburg in die Schweiz entkam.

DIE BEFREIUNG[24] KINKELS

Es war im Februar 1850, dass ich einen Brief von Frau Kinkel empfing. In brennenden Farben schilderte sie mir die entsetzliche Lage ihres Mannes und den Jammer der Familie. Aber die geistvolle und energische Frau sprach keineswegs zu mir in dem Ton jener ohnmächtigen Verzweiflung, die nur die Hände ringt und sich dem übermächtigen Schicksal schwachmütig unterwirft. Der Gedanke, dass es möglich sein müsse, Mittel und Wege zur Befreiung ihres Mannes zu finden, beschäftigte sie Tag und Nacht. (...) Was nottue, sei ein Freund, der Mut, Ausdauer und Geschick, habe und der seine ganze Kraft dem Befreiungswerk widmen wolle, bis es gelungen sei. Sie selbst würde den Versuch machen, müsste sie nicht fürchten, durch ihr Erscheinen in der Nähe ihres Mannes sofort Verdacht zu erregen und die ihn umgebende Wachsamkeit noch zu verschlimmern. Aber

24 Gottfried Kinkel war unmittelbar vor der Einkesselung der Festung Rastatt bei einem Gefecht verwundet und von den Preußen gefangen genommen worden. Ein Kriegsgericht hatte ihn daraufhin zu lebenslanger Haft verurteilt. Da er in Süddeutschland und im Rheinland äußerst beliebt war, wollte man ihn möglichst weit entfernt inhaftieren und brachte ihn schließlich, nach einigen Zwischenstationen, in ein Zuchthaus nach Berlin-Spandau.

es müsse schnell gehandelt werden, ehe die nagende Qual des Gefängnislebens Kinkels geistige und körperliche Kraft völlig zerstört hätte. (...)

Die Nacht nach der Ankunft dieses Briefes lag ich lange wach. Zwischen den Zeilen hatte ich darin die Frage gelesen, ob ich nicht selbst das Wagnis unternehmen wolle. Diese Frage ließ mich nicht schlafen. Ich sah Kinkel in seiner Züchtlingsjacke am Spulrad beständig vor mir, und ich konnte den Anblick kaum ertragen. Als Freund war ich ihm von Herzen zugetan. Auch glaubte ich, dass er berufen sein möchte, mit seinen Geistesgaben, seinem Enthusiasmus und seiner seltenen Beredsamkeit der Sache des Vaterlandes und der Freiheit noch große Dienste zu leisten. Der Wunsch, ihn, wenn ich könnte, Deutschland und seiner Familie wiederzugeben, wurde mir unwiderstehlich. Ich entschloss mich, es zu versuchen, und beruhigt von diesem Entschluss schlief ich ein. (...)

Am nächsten Morgen begann ich ohne Aufschub meine Vorbereitungen. Ich schrieb meinem Vetter Heribert Jüssen in Lind bei Köln (...), er solle sich von der Polizeibehörde einen Reisepass für das In- und Ausland geben lassen und ihn mir schicken. Wenige Tage darauf war der Pass in meinen Händen, und ich konnte nun wie ein gewöhnliches unverdächtiges Menschenkind ohne Schwierigkeit reisen, wo man mich nicht persönlich kannte. Nun galt es, für mein Vorhaben aus meiner Verbindung mit der Flüchtlingschaft möglichst viel Vorteil zu ziehen, ohne meine Freunde auf die Fährte meines Plans zu bringen.

So gab ich denn dem Vorstand unseres Klubs zu verstehen, ich sei bereit, als Emissär verschiedene Plätze in

Deutschland zu besuchen, um dort geheime Zweigklubs zu organisieren und diese mit dem Komitee in der Schweiz in Verbindung zu setzen. Diese Andeutung wurde mit großem Vergnügen aufgenommen, und ich empfing mit ausführlichen Instruktionen eine lange Liste von zuverlässigen Personen in Deutschland. Nun war alles für meine Abreise bereit, und da ich als Emissär auf eine geheime Mission auszog, so fanden meine Freunde es natürlich, dass ich gegen Mitte März aus Zürich verschwand.

Es ist später erzählt worden, ich habe damals Deutschland in einer mich unkenntlich machenden Verkleidung durchreist. Dies war keineswegs der Fall. Ich suchte und fand meine Sicherheit darin, dass ich in der Gestalt erschien, die mir natürlich war, und dass ich mich in Gesellschaft anderer Menschen möglichst unbefangen bewegen konnte. Freilich zeigte ich mich nicht mehr, als nötig war, und vermied es, die Aufmerksamkeit anderer auf mich zu ziehen. So durchfuhr ich von Basel aus das Großherzogtum Baden, an Rastatt vorbei, dessen Schlossturm, auf dem ich so manche Stunde verbracht, ich von dem Fenster meines Eisenbahnwagens sehen konnte.

Meine erste Reisestation war Frankfurt, wo mehrere der von dem Vorstand unseres Klubs in Zürich bezeichneten Vertrauenspersonen wohnten. Diese besuchte ich, ließ mir von ihnen Aufschluss über den Stand der Dinge in diesem Teil von Deutschland geben und berichtete das Gehörte meinen Auftraggebern in der Schweiz. Überhaupt führte ich die mir von diesen gegebenen Instruktionen getreulich aus, und es gelang mir, den Eindruck in Bezug auf den Zweck meiner Reise, den ich in Zürich zurückgelassen, so vollständig aufrechtzuerhalten. So besuchte ich denn eine Reihe von Städten, Wiesbaden, Kreuznach. Birkenfeld, Trier, wo ich Gesinnungsgenossen fand und neue Verbindungen anknüpfte. Überall gab es noch Leute, die hofften, durch Geheimbünde eine neue revolutionäre Umwälzung herbeiführen zu können. Es ist dies eine gewöhnliche Nachwehe fehlgeschlagener Volkserhebungen. (...)

Am 11. August[25] kam ich in Berlin an. Da mein auf Heribert Jüssen lautender Pass in bester Ordnung war, so ließ mich die Polizei, die sonst alle Reisenden scharf beobachtete, ohne Schwierigkeit in die Stadt ein. Zunächst suchte ich einige meiner Universitätsfreunde auf, die von Bonn nach Berlin übergesiedelt waren. Ihnen vertraute ich mich an – d.h. meine Person, nicht das Geheimnis meines Planes. Bei zweien von ihnen, Müller und Rhodes, ehemaligen Mitgliedern der Bonner Frankonia, die nun in Berlin studierten und ein Quartier auf der Markgrafenstraße bewohnten, fand ich Obdach und herzliches Willkommen. Mit ihnen ging ich aus und ein, so dass die Polizisten, die in jenem Bezirk Dienst hatten, mich für einen der Berliner Universität angehörenden Studenten hielten. Und wie es damals in Berlin Sitte war und vielleicht teilweise noch ist, dass der Einwohner eines Miethauses nicht selbst einen Hausschlüssel führt, sondern, wenn er nachts nach Hause kommt sich vom Nachtwächter der Straße das Haus aufschließen lässt, so rief auch ich, wenn

25 Nachdem Schurz bei seiner Reise durch das Rheinland zahlreiche Bekannte wiedergetroffen hatte, also immer mehr Leute wussten, wo er war, hielt er es für sicherer, sich für einige Zeit zurückzuziehen. Er reiste deshalb über Aachen und Brüssel für mehrere Wochen nach Paris und kehrte erst im Sommer nach Deutschland zurück.

ich spät von meinen Gängen zurückkehrte, den Nachtwächter herbei, damit er mir das gastliche Haus öffne. Dass ich, der steckbrieflich Verfolgte, der Flüchtling, von der Berliner Polizei, die für so allwissend galt, so willig bedient wurde, gab uns häufig Stoff zum Lachen und war in der Tat scherzhaft genug. (...)

Sogleich nach meiner Ankunft in Berlin setzte ich mich mit mehreren Personen in Verbindung, die mir teils von Frau Kinkel, teils von demokratischen Gesinnungsgenossen als zuverlässig bezeichnet worden waren. Ich brachte einige Zeit damit zu, sie möglichst sorgfältig zu studieren, da ich den wahren Zweck meiner Anwesenheit in Berlin niemandem anvertrauen wollte, von dem ich nicht überzeugt sein durfte, dass er zur Erreichung dieses Zweckes wesentlich helfen werde. Nach dieser Umschau teilte ich nur einem mein Geheimnis mit, dem Doktor Falkenthal, einem Arzt, der in der Vorstadt Moabit wohnte, dort einen Junggesellenhaushalt führte und der mir seinem Charakter und seinen Umständen nach am geeignetsten schien, an dem beabsichtigten Wagestück teilzunehmen. Auch hatte er schon mit Frau Kinkel in Briefwechsel gestanden. Falkenthal hatte eine ziemlich ausgedehnte Bekanntschaft in Spandau und brachte mich dort mit dem Gastwirt Krüger zusammen, für den er sich als einen durchaus vertrauenswerten und tatkräftigen Mann verbürgte.

Herr Krüger nahm in Spandau eine sehr geachtete Stellung ein. Er hatte seiner Gemeinde mehrere Jahre als Ratsherr würdig gedient, führte das beste Gasthaus in der Stadt, war wegen seines ehrenhaften Charakters und seiner Leutseligkeit allgemein beliebt und auch in seinen Vermögensverhältnissen gut gestellt. Obgleich er viel älter war als ich, so entwickelte sich doch zwischen ihm und mir bald ein Gefühl wahrhafter Freundschaft. (…)

Ich zog es jedoch vor, nicht in Spandau zu wohnen, da die Anwesenheit eines Fremden in einer so kleinen Stadt nicht lange geheim bleiben konnte. Der Aufenthalt in dem großen Berlin schien mir weniger gefährlich, wenigstens während der voraussichtlich langwierigen Vorbereitungen zu dem Schlussakt.

Um von Berlin nach Spandau und von da nach Berlin zurückzufahren, bediente ich mich nicht der Eisenbahn, da auf dem Berliner Bahnhof die Passkarte eines jeden Reisenden, selbst auf den Lokalzügen, visitiert wurde und mein auf Heribert Jüssen lautender rheinischer Pass, obgleich er äußerlich in bester Ordnung war, durch häufiges Wiedererscheinen zwischen Berlin und Spandau doch einem wachsamen Polizeibeamten hätte verdächtig werden können. Wenn ich also nach Spandau wollte, so passierte ich, gewöhnlich mit Einbruch der Nacht, das Brandenburger Tor zu Fuß und nahm mir dann in Moabit oder Charlottenburg ein Lohnfuhrwerk, aber jedes Mal ein anderes.

Herr Krüger war über das innere Getriebe des Spandauer Zuchthauses wohl unterrichtet, und was er nicht wusste, das konnte er durch seine Bekanntschaft mit den Beamten der Anstalt leicht erfahren. Die erste zu erwägende Frage war, ob es möglich sein werde, Kinkel mit Gewalt zu befreien. Ich überzeugte mich bald, dass es eine solche Möglichkeit nicht gebe.

Die bewaffnete Besatzung des Zuchthauses bestand zwar nur aus einer Handvoll Soldaten und den wachthabenden

Gefängnisbeamten. Es wäre daher einer nicht gar großen Zahl entschlossener Leute möglich gewesen, das Zuchthaus mit gewalttätiger Hand zu stürmen, hätte es nicht inmitten einer starken, mit Soldaten gefüllten Festung gelegen, wo das erste Alarmsignal eine überwältigende Macht augenblicklich auf den Platz gebracht haben würde. Ein solches Beginnen war also hoffnungslos.

Nun wussten wir von Fällen, in denen selbst noch schärfer bewachte Gefangene vermittelst Durchsägens von Gitterstäben und Durchbrechen von Mauern aus ihren Kerkern entkommen und dann von helfenden Freunden in Sicherheit gebracht worden waren. Aber auch gegen einen solchen Plan erhoben sich große Bedenken, unter denen Kinkels Ungeübtheit in handlichen Verrichtungen nicht das geringste war. Auf alle Fälle schien es geraten, zuerst zu versuchen, ob nicht einer oder mehrere der Zuchthausbeamten zur Mithilfe gewonnen werden konnten.[26] (...)

Im ersten Augenblick empfing ich von Brune einen Eindruck sehr verschieden von dem, den seine Kollegen mir gegeben hatten. Auch er war Unteroffizier gewesen; auch er hatte Frau und Kinder und ein spärliches Gehalt wie die anderen. Aber in seinem Wesen war nichts von der unterwürfigen Demut der Subalternnatur. Als ich ihm von Kinkel sprach und von meinem Wunsch, dass sein Elend wenigstens durch kräftigere Nahrung etwas erleichtert werde, machte Brune nicht das kläglich verlegene Gesicht eines Menschen,

26 Nachdem die ersten beiden Gefängniswärter, die Krüger ihm empfohlen hatte, vor dem Risiko einer Beihilfe zur Flucht zurückscheuten, lernte Schurz (alias Jüssen) den Gefangenenwärter Brune kennen und startete einen zweiten Versuch.

der zwischen seinem Pflichtgefühl und einer Zehntalernote mit sich unterhandelt. Brune trat fest auf wie ein Mann, der sich dessen nicht schämt, was er zu tun willig ist. Er sprach frei davon, ohne auf meine schrittweise vorgehenden Andeutungen zu warten. »Gewiss will ich dem Mann helfen, soviel ich kann«, sagte er. »Es ist eine Gottesschande, dass ein so gelehrter und tüchtiger Herr unter gemeinen Halunken im Zuchthause sitzt. Ich würde ihm selbst heraushelfen, wenn ich nicht für Frau und Kinder zu sorgen hätte.« Seine Entrüstung über die Behandlung, die Kinkel erfahren, schien so ehrlich, und die ganze Art des Mannes drückte so viel Mut und Entschlossenheit aus, dass ich dachte, auch ohne die gewöhnlichen Umwege mit ihm zum Ziele zu kommen. So sagte ich ihm denn ohne weiteres, dass, wenn der Lebensunterhalt seiner Familie sein größtes Bedenken sei, ich wohl imstande sein werde, dafür zu sorgen. Wenn dies geschähe, würde er dann, fragte ich, bereit sein, zur Befreiung Kinkels hilfreiche Hand leisten?

»Wenn es gemacht werden kann«, antwortete er. »Aber Sie sehen ein, es ist eine schwierige und gefährliche Sache. Ich will mir's überlegen, ob und wie es gelingen kann. Geben Sie mir drei Tage Bedenkzeit.«

»Gut«, sagte ich. »Überlegen Sie sich's. – Nach Ihrer Sprache sind Sie ein Westfale«, setzte ich hinzu.

»Ja, bei Soest zu Hause.«

»Dann sind wir ja nicht entfernte Nachbarn. Ich bin ein Rheinländer. In drei Tagen also, Landsmann.« (...)

Am Abend des dritten Tages fuhr ich wieder nach Spandau, und es fiel mir eine schwere Last vom Herzen, als ich Brunes erstes Wort hörte. »Ich habe mir's überlegt«, sagte er.

»Ich glaube, es wird gehen.«

Ich hätte ihm um den Hals fallen mögen. Brune setzte mir nun auseinander, wie in einer Nacht, wenn er die Wache in den oberen und ein gewisser anderer Beamter die Wache in den unteren Räumen des Zuchthauses habe, er sich die nötigen Schlüssel verschaffen und Kinkel an das Tor des Gebäudes bringen wolle. (…)

»Aber«, setzte Brune hinzu, »es wird noch einige Zeit dauern, bis alles in rechter Ordnung ist. In der Nacht vom 5. auf den 6. November sind die Nachtwachen, wie sie sein sollen.«

»Gut«, antwortete ich. »Auch ich brauche noch einige Zeit für nötige Einrichtungen.«

Dann eröffnete ich Brune, was ich für seine Familie zu tun imstande sei. Es stand mir eine Summe Geldes zur Verfügung, die teils von deutschen Parteigenossen, teils von persönlichen Freunden oder Bewunderern Kinkels (…) zusammengesteuert worden war. Diese Summe erlaubte mir, Brune einen anständigen Vorschlag in Bezug auf die Versorgung seiner Familie zu machen. Brune war damit zufrieden. (…)

Die schwierigste Aufgabe, die ich vor der entscheidenden Stunde noch zu lösen hatte, bestand darin, für Transportmittel nach einem sicheren Zufluchtsort zu sorgen. Wohin sollten wir uns wenden, nachdem die Befreiung des Gefangenen gelungen sein würde? Die Grenzen der Schweiz, Belgiens und Frankreichs waren zu weit entfernt. Die lange Landreise konnten wir nicht wagen. Es blieb also nichts übrig, als irgendwo die Seeküste zu gewinnen und dann zu Schiff nach England zu fliehen. Nach kurzer Überlegung kam ich zu dem Schluss, dass die Regierung Anstalt treffen werde, in den Häfen von Bremen und Hamburg jedes abgehende Fahrzeug mit Argusaugen zu überwachen. Es schien mir daher geboten, einen anderen Hafenplatz zu wählen, und so wendete ich mich nach Mecklenburg. In Rostock hatten wir in dem hervorragenden Advokaten und Präsidenten des Abgeordnetenhauses Moritz Wiggers, den ich auf dem Demokratenkongress in Braunschweig persönlich kennengelernt hatte, einen einflussreichen und treuen Freund. Auch war Rostock zu Wagen am schnellsten zu erreichen – denn den Eisenbahnen durften wir uns nicht anvertrauen –, und die Reise dahin bot noch den Vorteil, dass, wenn wir Spandau um Mitternacht verließen, wir hoffen durften, vor Tagesanbruch die mecklenburgische Grenze zu erreichen und so der unmittelbarsten Verfolgung durch preußische Polizei zu entgehen. Auch hatte ich auf meiner Liste zuverlässiger Personen eine ansehnliche Zahl von Mecklenburgern, an die ich mich um Hilfe wenden konnte. (...)

Am 4. November nahm ich von Dr. Falkenthal Abschied. Er war mit meinem Plan im Allgemeinen bekannt, aber ich hatte es nicht nötig gefunden, ihm alle Einzelheiten mitzuteilen. So wusste er nicht genau, in welcher Nacht der Befreiungsversuch gemacht werden sollte, und er war auch diskret genug, nicht mit Fragen in mich zu dringen. Aber beim Lebewohl schenkte er mir ein paar Pistolen, die mir dienen sollten, wenn ich ins Gedränge käme. Nachdem ich am Abend des 4. November in Spandau angelangt war, hatte ich noch eine Unterredung mit Brune, in welcher wir alle Details unseres Planes wiederum durchsprachen, um uns zu vergewissern, dass nichts vernachlässigt worden sei. Alles, so schien es, war in Ordnung.

»Nun noch eine Sache, von der ich nicht gern spreche«, sagte Brune, als wir mit dem Hauptgeschäft zu Ende gekommen waren.

Ich horchte auf. »Was ist es?«

»Ich vertraue Ihnen durchaus«, fuhr Brune fort. »Was Sie versprochen haben, für meine Familie zu tun, das werden Sie redlich tun, wenn Sie können.«

»Freilich kann ich. Ich habe die Mittel in meinem Besitz.«

»Das meine ich nicht«, warf Brune ein. »Wenn alles gut geht morgen Nacht, dann bin ich des Geldes so sicher, als wenn ich es jetzt schon in meiner Tasche hätte. Das weiß ich. Aber es mag auch morgen Nacht nicht alles gut gehen. Die Sache ist gefährlich. Der Zufall kann sein Spiel haben. Ihnen kann etwas Menschliches passieren und mir auch, uns beiden. Und was wird dann aus meiner Frau und meinen Kindern?« Er schwieg und ich einen Augenblick auch.

»Nun, was wollen Sie weiter sagen?« fragte ich dann.

»Wenn Sie sich die Sache richtig bedenken«, antwortete Brune langsam, »so werden Sie selbst einsehen, dass das Geld in den Händen meiner Familie sein muss, ehe ich meinen Kopf wage.«

»Sie meinen selbst, dass ich mir die Sache bedenken soll«, sagte ich nach einigem Zaudern. »Ich will mir also überlegen, wie es zu machen ist, und Ihnen so bald wie möglich Bescheid geben. Wollen Sie unterdessen alles der Abrede nach fertig machen?«

»Verlassen Sie sich drauf.« Damit sagten wir uns gute Nacht.[27] (...)

27 Noch am selben Abend entschloss sich Schurz, dass er keine andere Wahl hätte, als Brune zu vertrauen, und bat ihn erneut zu sich.

»Herr Brune«, sagte ich, »ich wollte Sie nicht mit einem Zweifel zu Bett gehen lassen. Wir sprachen von dem Geld. Das Geld ist mir anvertrautes Gut. Meine Ehre hängt daran. Ich vertraue Ihnen ganz, Geld, Ehre, Freiheit, alles. Sie sind ein braver Mann. Ich wollte Ihnen heute Nacht noch sagen, dass ich Ihnen morgen Abend um fünf Uhr das Geld in Ihre Wohnung bringen werde.«

Brune schwieg einen Augenblick. Endlich atmete er auf und sagte: »Ich hätt's auch wirklich ohne das getan. Morgen um Mitternacht ist Ihr Freund Kinkel ein freier Mann.«

Ich schlief die Nacht in Spandau und brachte den größten Teil des folgenden Tages damit zu, dass ich mit (einigen Helfern) jede mögliche Chance des Unternehmens durchsprach, um für alle bis dahin noch nicht vorgesehenen Fälle Vorsorge zu treffen.

Endlich brach die Dunkelheit ein. Ich packte das Geld für Brune wohlgezählt in eine kleine Zigarrenkiste und ging nach seiner Wohnung. Ich fand ihn in seiner ärmlichen, aber sauberen Stube allein, händigte ihm die Zigarrenkiste aus und sagte:

»Hier ist es; zählen Sie es.«

»Da kennen Sie mich schlecht«, antwortete er. »Wenn's bei uns nicht aufs Wort ginge, hätten wir nichts miteinander anfangen sollen. Was von Ihnen kommt, zähle ich nicht nach.«

»Ist irgendetwas an unserem Plane zu ändern?«

»Nichts.«

»Auf Wiedersehen also heute Nacht!«

»Auf Wiedersehen und gut Glück!« In der Tat hatten wir guten Grund, das Gelingen unseres Planes mit Zuversicht zu erwarten, wenn uns nur der Zufall keinen Strich durch die Rechnung machte.[28] (...)

»Das war eine verdammte Geschichte letzte Nacht«, sagte er (Brune, am nächsten Morgen). »Ich konnte nicht dafür. Alles war in der schönsten Ordnung, aber als ich das Spind in der Revierstube aufschloss, fand ich die Schlüssel zur Zelle nicht. Ich suchte und suchte, aber sie waren nicht da. Heute Morgen hörte ich, dass der Inspektor Semmler sie ganz zufällig, statt sie in das Spind zu legen, aus Vergesslichkeit in der Tasche mit nach Hause genommen hatte.«

Er schwieg einen Augenblick.

»Da ist das Geld«, fuhr er fort, auf das Zigarrenkistchen deutend. »Nehmen Sie es mit, oder zählen Sie es erst. Es fehlt kein Taler daran.«

Ich konnte nicht umhin, dem Mann die Hand zu drücken und ihm im Herzen meine Zweifel abzubitten.

»Was von Ihnen kommt«, antwortete ich, seine gestrigen Worte wiederholend, »wird nicht nachgezählt. Aber was nun? Ich gebe nicht auf. Müssen wir warten, bis Sie wieder die Nachtwache haben?«

»Wir könnten warten«, versetzte er, »und uns mittlerweile all die Schlüssel nachmachen lassen, so dass uns nicht mehr eine so dumme Geschichte passiert. Aber«, setzte er hinzu, »ich habe mir heute die Sache bedacht – bei Gott, es

28 Tatsächlich machte ein Zufall diesen ersten Ausbruchsversuch zunichte. Der Schlüssel zu Kinkels Zelle wurde nachts in einem Schrank in der Revierstube verwahrt, zu dem sich Brune Zugang verschaffen konnte. An diesem Abend aber hatte der wachhabende Beamte diesen Schlüssel nach Dienstschluss versehentlich in seiner Hosentasche mit nach Hause genommen, so dass Brune das Unternehmen abbrechen musste.

ist eine Schande, dass der Mann da noch einen Tag länger sitzen soll –, ich will versuchen, ihm diese Nacht herauszuhelfen, wenn er Mut zu einem halsbrecherischen Stück hat.«

»Was? Diese Nacht?«

»Ja, diese Nacht. Hören Sie mir nur ruhig zu.« Nun erzählte mir Brune, der Beamte, der in der kommenden Nacht die Wache auf dem oberen Stockwerk habe, sei krank geworden und er, Brune, habe sich erboten, den Dienst für ihn zu versehen. Darauf habe er sich überlegt, er könne Kinkel ohne besondere Schwierigkeit auf den Söller unter dem Dachstuhl bringen und ihn dann mit einem Seil aus der Dachluke auf die Straße herunterlassen. Dazu brauche er allerdings die Zellenschlüssel wieder, aber nachdem gestern Abend der Inspektor diese in der Zerstreutheit mit sich nach Hause genommen, würde er sie diese Nacht gewiss an dem gewöhnlichen ordnungsmäßigen Platz niederlegen. Ich sollte nur dafür sorgen, unten die Straße freizuhalten, während Kinkel vom Dach heruntergelassen würde, und ihn dann prompt in Empfang nehmen und fortschaffen.

»Es ist eine etwas halsbrechende Geschichte«, setzte Brune hinzu. »Von der Dachluke bis auf die Straße mag's wohl sechzig Fuß sein. Aber wenn der Herr Professor Mut dazu hat, so glaube ich, dass es gehen wird.«

Für Kinkels Mut konnte ich einstehen. Was wagt ein Gefangener nicht für seine Freiheit?

Die Einzelheiten waren bald besprochen und festgestellt. Ich übernahm es, Brune sofort das nötige Seil zu schaffen. Er wollte es sich dann unter seinem Überrock um den Leib wickeln und so mit ins Zuchthaus nehmen. Ich sollte dann zur Mitternachtsstunde in der tiefen Türnische eines dem

Tor des Zuchthauses schräg gegenüberliegenden Hauses stehen und nach den Dachluken des Gebäudes hinaufblicken. Wenn ich in einer Luke den Schein einer in senkrechter Linie auf und ab bewegten Laterne sähe, so würde das ein Zeichen sein, dass oben alles gut stehe und Kinkel bereit sei, heruntergelassen zu werden. Wenn ich dann, in meiner Türnische stehend, mit Stahl und Stein Funken schlüge, so würde Brune das als ein Signal verstehen, dass unten auf der Straße alles in Ordnung sei, um Kinkel zu empfangen.

Mit herzlichem Händedruck nahm ich von Brune Abschied und eilte nach Krügers Gasthaus. Poritz und Leddihn[29], die ich rasch herbeiholen ließ, besorgten sofort ein Seil von gehöriger Stärke und Länge und trugen es nach Brunes Wohnung.

Aber wie sollten wir Kinkel fortschaffen? Ich hatte keine Relais von Pferden und Wagen mehr auf der Landstraße. In der vergangenen Nacht hatte alles so vortrefflich geklappt. Aber was nun? Zum Glück fand ich Hensel noch bei Krüger. Auf die Nachricht, was nun in wenigen Stunden geschehen solle, brach er in lauten Jubel aus.

»Ich fahre Sie, soweit meine Pferde laufen können«, rief er aus.

»Unser nächster Freund wohnt in Neustrelitz«, entgegnete ich. »Das ist mehrere Poststationen von hier. Werden Ihre Pferde es bis dahin aushalten können?«

»Der Teufel hole sie, wenn sie's nicht tun!« sagte Hensel.

Wir mussten es daraufhin wagen und uns dem Schicksal anvertrauen.

29 Das sind zwei Fluchthelfer, die Schurz schon für den ersten Befreiungsversuch gewonnen hatte.

Ein kurzes Gespräch mit Poritz und Leddihn folgte über die Maßregeln, die nötig waren, um die Straße gegen unwillkommene Eindringlinge zu sichern, während Kinkel seinen Seilschwung machte. Die Vorkehrung war einfach. Die Straßenecken auf beiden Seiten sollten meine Freunde mit ihren handfesten Genossen von der vorigen Nacht besetzen und, wenn sich etwa ein verspäteter Nachtwandler zeigte, sich angetrunken stellen und den Unwillkommenen mit munteren Schnurren zurückhalten und von dem verbotenen Weg ablenken. Im Notfall sollte auch Gewalt gebraucht werden. Leddihn und Poritz verbürgten sich für die Ausführung.

»Köstliches Zusammentreffen«, schmunzelte Krüger. »Heute Abend wird hier im Hause Geburtstag gefeiert, und mehrere Zuchthausbeamte werden dabei sein. Es gibt eine Bowle Punsch. Und ich werde den Punsch besonders gut machen.«

»Und sie werden die Beamten festhalten?«

»Ob ich sie festhalten werde! Von denen kommt Ihnen keiner in die Quere.«

Dieses Bild versetzte uns in die heiterste Laune, und wir hatten ein gemütliches kleines Souper zusammen. Unsere Gedanken waren jedoch beständig auf die Zufälle gerichtet, die uns wieder einen bösen Streich spielen könnten, und zur rechten Zeit fiel uns noch ein wichtiger Umstand ein.

Wenn Kinkel an dem Seil aus der Dachluke herunterkäme und das Seil über die Kante schnurrte, so konnte es leicht Dachschiefer oder gar Mauerziegel loslösen, die dann herunterfallen und ein lautes Geklapper machen würden. Wir verabredeten daher, dass Hensel mit seinem Wagen kurz nach zwölf langsam die Potsdamer Straße entlang am

Zuchthause vorbeifahren sollte, um mit dem Rasseln des Wagens auf dem schlechten Pflaster alles andere Geräusch zu übertäuben.

Um Mitternacht stand ich, ausgerüstet wie in der vorigen Nacht, wohlverborgen in der tiefen, dunklen Türnische dem Zuchthause gegenüber. Die Straßenecken zur Rechten und Linken waren der Abrede gemäß besetzt, aber die Leute hielten sich abseits. Ein paar Minuten später kam der Nachtwächter in gemächlichem Schritt die Straße herab. Gerade vor mir drehte er seine Schnarre und rief die zwölfte Stunde aus. Dann schlurfte er ruhig weiter und verschwand. Was hätte ich um ein tüchtiges Unwetter mit Sturmgebraus und klatschendem Regen gegeben! Aber die Nacht war unheimlich still. Mein Auge war fest auf das Dach des Gefängnisses gerichtet, auf dem ich die Luken in der Dunkelheit kaum unterscheiden konnte. Die spärlichen Straßenlichter flimmerten matt.

Plötzlich erschien oben ein heller Schein, der mich den Rahmen einer Dachluke erkennen ließ. Der Schein bewegte sich dreimal auf und ab. Das war das gehoffte Signal. Ich warf einen schnellen Blick auf die Straße rechts und links. Nichts näherte sich. Rasch gab ich, mit Stahl und Stein sprühende Funken schlagend, meinerseits das vereinbarte Zeichen. Eine Sekunde später verschwand das Licht aus der Dachluke, und dann gewahrte ich einen dunklen Körper, der sich langsam über die Mauerkante herunterbewegte.

Mein Herz klopfte heftig, und der Schweiß trat mir auf die Stirn. Da geschah, was ich befürchtet hatte. Dachschiefer und Mauerziegel, von dem rutschenden Seile gelöst, regneten mit lautem Geklapper auf das Pflaster. Nun, gütiges Schicksal, steh uns bei! In demselben Augenblick kam Hensels Wagen auf dem holprigen Pflaster rasselnd herangerollt. Man hörte das Geräusch der fallenden Ziegel nicht mehr. Aber werden diese nicht Kinkels Kopf treffen und ihn betäuben? Nun hatte der dunkle Körper beinahe den Boden erreicht. Mit wenigen Sprüngen war ich zur Stelle. Jetzt fasste ich ihn an; es war mein Freund, und da stand er lebendig auf seinen Füßen.

»Das ist eine kühne Tat!« war das erste Wort, das er mir sagte.

»Gott sei Dank!« antwortete ich. »Nun schnell das Seil ab und dann fort!«

Ich bemühte mich umsonst, den Knoten des Seils, das um seinen Leib geschlungen war, zu lösen.

»Ich kann dir nicht helfen«, flüsterte Kinkel. »Das Seil hat mir beide Hände furchtbar zerschunden.«

Ich zog mein Jagdmesser, und mit großer Anstrengung schnitt ich das Seil durch. Das lange Ende wurde, sobald es frei war, schleunigst nach oben gezogen. Während ich Kinkel meinen Mantel umwarf und ihm die Gummischuhe anzog, blickte er besorgt um sich. Hensels Kalesche hatte sich umgedreht und kam langsam zurück.

»Was ist das für ein Wagen?« fragte Kinkel.

»Unser Wagen.«

Dunkle Gestalten zeigten sich an den Straßenecken und näherten sich uns.

»Um Himmels willen, was für Leute sind das?«

»Unsere Freunde.«

In einiger Entfernung hörten wir Männerstimmen singen: »Wir sitzen so fröhlich beisammen.«

»Was ist denn das?« fragte Kinkel, während wir durch eine Seitengasse Krügers Hotel zueilten.

»Deine Kerkermeister bei einer Bowle Punsch.«

»Famos«, sagte Kinkel.

Bei Krüger traten wir durch eine Hintertür ein und befanden uns bald in dem Zimmer, in welchem Kinkel die für ihn bestimmten Kleider anlegen sollte. Es war ein schwarzer Tuchanzug, ein großer Bärenpelz und eine Kappe, wie sie von preußischen Forstbeamten getragen wird. Von einem nahen Zimmer her erschollen noch die Stimmen der Zechenden. Krüger, der einige Minuten zugesehen hatte, wie Kinkel die Züchtlingsuniform gegen seine neue Bekleidung austauschte, entfernte sich plötzlich mit einem ihm eigenen Lächeln. Bald trat er wieder ein, einige gefüllte Gläser tragend. »Herr Professor«, sagte er, »daneben sind einige Ihrer Gefängnisbeamten bei einer Bowle Punsch. Ich habe sie eben gefragt, ob sie mir nicht ein Glas erlauben wollten für ein paar Berliner Freunde, die gerade angekommen wären. Sie hatten nichts dagegen. Nun, Herr Professor, trinken wir Ihr erstes Wohl aus der Bowle Ihrer Kerkermeister!«

Es war uns schwer, nicht vor Vergnügen über den Humor der Situation laut aufzulachen.

Kinkels Umkleidung war schnell vollendet und seine vom Seil zerrissenen blutigen Hände mit Taschentüchern verbunden. Er dankte den aufopfernden Freunden mit wenigen Worten, die sie schluchzen machten. Dann sprangen wir in Hensels Wagen. Die Zuchthausbeamten saßen und jubelten noch immer bei ihrer Bowle.

Es war angeordnet, dass unser Wagen durch das Potsdamer Tor, das auf die Straße nach Hamburg führt, aus

Spandau hinausfahren und dann baldmöglichst in eine andere Richtung abbiegen sollte, um etwaige Verfolger irrezuführen. So rasselten wir denn in schnellem Trabe durch das Potsdamer Tor, und diese List gelang so gut, dass, wie wir später erfuhren, wir am nächsten Tag auf den Bericht des Torwächters hin wirklich in der Richtung von Hamburg verfolgt wurden. Ehe wir das Städtchen Nauen erreichten, bogen wir nach rechts in einen Landweg und dann in die Berlin-Strelitzer Chaussee beim Sandkruge. So scharf die Braunen traben konnten, ging es vorwärts.

Erst als ihm auf der schnellen Fahrt die kalte Nachtluft ins Gesicht wehte, schien Kinkel zum klaren Bewusstsein des Geschehenen aufzuwachen.

»Ich möchte gern deine Hand in der meinigen halten«, sagte er, »aber es geht nicht. Meine Hände sind zu arg geschunden.«

Er legte dann seinen Arm um meinen Nacken und drückte mich ein übers andere Mal an sich.

Ich wollte ihn nicht dazu kommen lassen, seine Dankbarkeit in Worten auszusprechen, sondern erzählte ihm, wie in der vorherigen Nacht alles so vortrefflich eingerichtet gewesen, wie unser Plan durch einen unglücklichen Zufall vereitelt worden und was für eine traurige Fahrt ich in demselben Wagen vor vierundzwanzig Stunden gemacht habe.

»Das war wohl die entsetzlichste Nacht meines Lebens«, sagte Kinkel. »Nachdem Brune mich angewiesen, ich solle mich bereithalten, erwartete ich mit der zuversichtlichsten Hoffnung die angesagte Stunde. Vor zwölf stand ich fertig. Ich horchte, wie nur ein in langer Isolierhaft geübtes Ohr horchen kann. Zuweilen hörte ich ein entferntes Geräusch von Schritten in den Gängen, aber sie wollten nicht näherkommen. Ich hörte aufmerksam die Stunden schlagen. Als Mitternacht mehr als eine Viertelstunde vorbei war, stieg mir zum ersten Mal der Gedanke auf: Ist es möglich, dass dies fehlschlägt? Minute nach Minute verging, und alles blieb still. Da fasste mich eine Angst, die ich nicht beschreiben kann. Der Schweiß tropfte mir von der Stirn. Bis um ein Uhr hatte ich noch ein wenig Hoffnung. Als aber auch dann Brune nicht kam, gab ich alles verloren. Die grauenvollsten Bilder stiegen in meiner Einbildung auf. Der ganze Anschlag war gewiss entdeckt worden. Du warst in den Händen der Polizei und auch auf viele Jahre eingekerkert. Ich sah mich selbst als einen verelendeten Greis in der Züchtlingsjacke. Meine Frau und meine Kinder gingen vor Jammer zugrunde. Ich rüttelte an den Stäben des Lattengitters in meiner Zelle wie ein Toller. Dann fiel ich erschöpft auf meinen Strohsack. Ich glaube, ich war dem Wahnsinn nahe.«

»Nun, und diese Nacht?«

»O diese Nacht!« rief Kinkel aus. »Ich konnte kaum meinen Augen und Ohren trauen, als Brune mit einer Laterne in der Hand in meine Zelle trat und mir durchs Lattengitter zuflüsterte:,Schnell auf, Herr Professor! Jetzt sollen Sie heraus!' Das war wie ein elektrischer Schlag. Im Nu war ich auf den Beinen. Aber weißt du, dass auch diese Nacht ums Haar wieder alles in die Brüche gegangen wäre?«

Ich war aufs äußerste gespannt, und wieder und wieder lief mir's kalt über, als Kinkel seine Geschichte erzählte.

Schon um halb zwölf war Brune in Kinkels Zelle. Er hatte diesmal die Schlüssel in dem Spind gefunden und damit die Zellentüren geöffnet. Nachdem er Kinkel geweckt, schickte er sich an, mit einem dritten Schlüssel die Tür im Lattengitter aufzuschließen. Er versuchte und versuchte, aber umsonst. Der Schlüssel passte nicht. Bei den späteren Untersuchungen stellte es sich heraus, dass der Schlüssel, mit dem Brune umsonst sich anstrengte, die Lattentür zu öffnen, für das Schloss des Fensterladens bestimmt war, dass aber einer der Schlüssel für die Zellentüren auch das Lattengitter öffnete – dass also Brune den richtigen Schlüssel in der Hand hielt, ohne es zu wissen oder ohne in der Aufregung daran zu denken.

So standen denn Kinkel auf der einen, Brune auf der andern Seite des festen Lattengitters, verblüfft und einen Augenblick ratlos. Dann ergriff Kinkel mit der Kraft der Verzweiflung eine der starken Latten und versuchte, die ganze Wucht seiner Körperschwere dagegen werfend, sie loszubrechen. Umsonst. Brune arbeitete hart mit seinem Säbel zu demselben Zweck. Vergebens.

»Herr Professor«, sagte er dann, »Sie sollen heraus, und wenn es mich das Leben kostet.«

Er verließ die Zelle und kehrte nach einer Minute zurück mit einer Axt in der Hand. Mit einigen kräftigen Schlägen waren zwei Latten ein wenig von dem unteren Querriegel gelöst. Die Axt, als Hebel gebraucht, löste sie noch mehr. Kinkels wütend angestrengte Kraft brach sie noch weiter auseinander und schaffte am Boden eine enge Öffnung, durch die Kinkels breitschultriger Körper sich mühsam hindurchzuzwängen vermochte. (…)

Nun verließ Brune mit Kinkel die Zelle, deren Türen er wieder verschloss. Dann hatten sie durch Korridore zu gehen und Treppen zu steigen und, in gedeckter Stellung wartend, sogar einen Nachtaufseher, der nicht im Geheimnis war, an sich vorbeipassieren zu lassen. Endlich gelangten sie auf den Söller und an die Dachluke, von welcher die gefährliche Luftfahrt abwärts unternommen werden musste. Kinkel gestand mir, dass ihn ein schwindelndes Grauen erfasste, als er von oben auf die tief unten liegende Straße blickte und dann auf das dünne Seil, das ihn tragen sollte. Aber als er mein Feuersignal aufblitzen sah, das Brune ihm flüsternd erklärte, gewann er schnell seine Fassung wieder und schwang sich über den Abgrund. Sofort begannen die durch das Seil gelockerten Dachschiefer und Mauerziegel ihm um den Kopf zu regnen, aber keiner traf ihn. Nur die Hände, die zuerst das Seil zu hoch gegriffen und durch die er es musste rutschen lassen, litten schwer. Aber das war eine leichte Wunde für so harten Kampf und so großen Sieg.

Nachdem Kinkel seine Erzählung beendigt hatte, holte Hensel eine Flasche des köstlichen Rheinweins hervor, mit dem der gute Krüger uns für die Reise versehen hatte, und dann tranken wir auf die »glückliche Wiedergeburt« und auf das Wohl des tapferen Brune, ohne dessen Treue und Unerschrockenheit all unser Planen und Arbeiten umsonst gewesen wäre. Es war ein begeisterter, glücklicher Augenblick, der uns fast vergessen ließ, dass, solange wir uns auf deutschem Boden befanden, die Gefahr nicht vorüber und unser Werk nicht ganz gelungen war.

In scharfem Trab ging es durch die Nacht dahin. (….) Durch Oranienburg, Teschendorf, Löwenberg flogen wir ohne Aufenthalt. Aber als wir uns dem Städtchen Gransee, acht deutsche Meilen von Spandau, näherten, wurde es nur zu offenbar, dass unsere guten Braunen bald zusammenbrechen würden, wenn wir ihnen nicht kurze Rast und Erfrischung gönnten. So wurde denn an einem Wirtshaus bei Gransee eine halbe Stunde gehalten und gefüttert. Dann weiter.

Als das Tageslicht heraufstieg, konnte ich mir Kinkel zum ersten Mal genauer anschauen. Wie hatte er sich verändert, den ich noch vor wenig mehr als einem Jahr als jugendfrischen, blühenden Mann gesehen! Das kurz geschorene Haar war grau gesprenkelt, die Gesichtsfarbe fahl, die Haut pergamentartig, die Wangen mager und schlaff, die Nase spitz und die Züge scharf eingefurcht. Wäre er mir unversehens begegnet, ich würde ihn schwerlich erkannt haben.

»Sie haben Dir schlimm mitgespielt«, sagte ich.

»Ja«, antwortete er, »es war hohe Zeit, dass du mich herausholtest. Noch ein paar Jahre, und ich würde ausgebrannt, verkohlt, an Leib und Seele verheert gewesen sein. Kein Mensch, der es nicht erlitten hat, weiß, was die Isolierhaft bedeutet und die Erniedrigung, wie ein gemeiner Verbrecher behandelt zu werden. Aber nun«, setzte er heiter hinzu, »nun beginnt ja wieder ein menschliches Leben.«

Und dann beschrieb er in seiner launigsten Weise, wie zu dieser Stunde im Zuchthaus zu Spandau die Entdeckung würde gemacht werden, dass Kinkel wie ein Vogel seiner Zelle entflogen sei, und wie ein Aufseher mit verstörtem Gesicht zu dem Direktor Jeserich stürzte und wie dieser und die Inspektoren und das ganze Beamtenpersonal die Köpfe zusammenstecken und dann nach der höheren Behörde laufen würden; dann würden sie sich bei den Torwächtern erkundigen und von einem Wagen hören, der zwischen zwölf und eins durch das Potsdamer Tor gerasselt sei, und dann würde schleunigst ein Trupp berittener Konstabler zusammengerafft werden, um uns wie toll über Nauen und Hamburg nachzujagen (…).

Es war schon heller Tag, als wir den mecklenburgischen Grenzpfahl begrüßten. Sicher fühlten wir uns da noch keineswegs, wenn auch ein wenig sicherer als auf preußischem Gebiet, denn in Mecklenburg war die Polizei harmloser. Aber der Trab unserer Pferde wurde langsamer und langsamer. Eines davon schien im höchsten Grad ermattet zu sein. So mussten wir denn am ersten mecklenburgischen Wirtshause, das wir fanden, in Dannenwalde, wieder Rast machen. Hensel wusch die Pferde mit warmem Wasser. Das half ein wenig, aber nur für kurze Zeit. In dem Städtchen Fürstenberg mussten wir zu längerer Ruhe ausspannen, weil die Braunen nicht mehr weiterkonnten. Erst Nachmittag, nach einer Fahrt von mehr als dreizehn deutschen Meilen, erreichten wir Strelitz, wo wir an dem Stadtrichter Petermann einen begeisterten Freund und Beschützer hatten, der bereits in der vorhergegangenen Nacht an der Aufstellung der Relais beteiligt gewesen war.

Petermann empfing uns mit einer Freude, die mich fürchten ließ, er werde sich nicht enthalten können, das glückliche Ereignis aus den Fenstern den Vorübergehenden zu verkünden. In der Tat vermochte er sich's nicht zu versagen, sofort einige Freunde herbeizuholen. Bald gab's ein reichliches Mahl mit heiterem Gläserklang, währenddessen ein Wagen mit frischen Pferden vorfuhr. (…)

Petermann begleitete uns auf der weiteren Fahrt, die nun mit ununterbrochener Schnelligkeit vonstattenging. In Neubrandenburg sowie in Teterow wechselten wir die

Pferde, und kurz nach sieben Uhr am nächsten Morgen, dem 8. November, erreichten wir das Gasthaus Zum weißen Kreuz an der Neubrandenburger Chaussee bei Rostock. Petermann holte sofort Moritz Wiggers herbei, der nun die ganze Sorge für uns übernahm. Ohne Verzug schickte er uns in Begleitung des Kaufmanns Blume in einer Droschke nach dem zwei Meilen entfernten Hafen- und Badeort Warnemünde, wo wir in dem Wöhlertschen Gasthaus abstiegen. Petermann, überglücklich, dass sein Teil der abenteuerlichen Fahrt so gut gelungen war, wendete sich nach Strelitz zurück. Auf der Reise hatten wir uns angewöhnt, Kinkel mit dem Namen Kaiser und mich mit dem Namen Hensel anzureden, und unter diesen Namen wurden wir in der Herberge einquartiert.

Wiggers hatte uns Warnemünde als einen Platz von patriarchalischen Einrichtungen und Sitten geschildert, wo es eine Polizei nur dem Namen nach gäbe und wo die Ortsobrigkeit, wenn man uns entdecken und die preußische Regierung unsere Verhaftung verlangen sollte, zuerst darauf bedacht sein würde, uns aus der Gefahr zu helfen. Dort, meinte er, würden wir sicher sein, bis eine gute Fahrgelegenheit oder ein besseres Asyl bereit sein würde. Von Warnemünde aus sah ich zum ersten Mal in meinem Leben das Meer. Ich hatte mich lange danach gesehnt, aber der erste Anblick war mir eine Enttäuschung. Der Horizont erschien mir viel enger und die Wellen, die, vom Nordostwind gepeitscht, weißköpfig heranstürzten, viel kleiner, als ich sie mir in meiner Fantasie vorgemalt hatte. Ich sollte die See noch besser kennen und mit größerer Achtung und höherem Genuss betrachten lernen. Übrigens waren wir auch damals wenig zum Naturgenuss gestimmt. Kinkel hatte zwei, ich drei Nächte im Wagen auf der Landstraße zugebracht. Wir fühlten uns bis aufs äußerste erschöpft, suchten bald unser Zimmer auf und sanken fast willenlos dem Schlaf in die Arme. Ich hatte noch Bewusstsein unserer Lage genug, um meine Pistolen unters Kopfkissen zu legen, und Herr Blume erzählte nachher, ich habe, als er sich während unseres sechsstündigen Schlafes leise in mein Zimmer geschlichen, sofort die Augen geöffnet, »Wer da?« gerufen und meine Schießgewehre ergriffen, worauf er schleunigst davongegangen sei. Es war wohl so, aber ich erinnerte mich dessen nicht.

Am nächsten Tage traf Wiggers wieder bei uns ein. Er verkündete uns, es liege nur eine Brigg auf der Reede – wir sahen sie vor uns auf den Wellen tanzen –, die aber noch nicht segelfertig sei. Sein Freund, der Kaufmann und Fabrikherr Ernst Brockelmann, halte es auch für besser, uns auf einem seiner eigenen Schiffe über See zu schaffen, und bis dieses zur Abfahrt bereit sein werde, uns in seinem eigenen Hause zu beherbergen. So verließen wir denn das Gasthaus, bestiegen die Jolle eines Warnemünder Lotsen und, den scharfen Nordost im Segel, flogen wir über die breite Bucht den Warnow-Fluss hinauf. An einem Gehölz landeten wir, und bei einem nahen Dorfe fanden wir Brockelmann mit seinem Wagen.

Wir sahen einen hochgewachsenen, kräftigen Fünfziger vor uns, mit grauem Haupthaar und Backenbart, aber frischer Gesichtsfarbe und jugendlich lebhaft in Ausdruck und Bewegung. Er begrüßte uns mit freudiger Herzlichkeit, und nach den ersten Minuten waren wir wie alte Freunde. (...) Seine natürliche Menschenfreundlichkeit, die das Recht eines jeden auf die Anerkennung seines wahren Wertes und auf eine entsprechende Chance des Fortkommens würdigte, hatte ihn von Jugend auf zu einem Liberalen und nach der achtundvierziger Revolution zu einem Demokraten gemacht. Seine Grundsätze und Theorien hatte er, soweit sich ihm die Möglichkeit bot, praktisch betätigt, und er war daher weit und breit als ein Freund und Fürsprecher der Armen und Unterdrückten bekannt, besonders aber von seinen Arbeitern, die er in großer Zahl als Fabrikherr beschäftigte, wie ein Vater verehrt und geliebt. Er konnte, als er uns sein Haus als Zufluchtsort anbot, wohl sagen, dass er Arbeiter genug habe, die sich auf seinen Wunsch im Notfall für uns schlagen und unser Asyl lange genug halten würden, um uns Zeit zum Entwischen zu geben. (…)

Brockelmann ließ eines seiner eigenen Fahrzeuge, einen Schoner von etwa vierzig Last, der sich als guter Segler erprobt hatte, für uns bereitmachen. Die Kleine Anna, so hieß der Schoner, empfing eine Ladung Weizen für England, die man möglichst schnell an Bord schaffte, und Sonntag, den 17. November, wurde als Tag der Abfahrt bestimmt, wenn sich bis dahin der noch immer wehende starke Nordostwind gelegt haben würde. Mittlerweile ging die Nachricht von Kinkels Flucht durch die Zeitungen und erregte allenthalben das größte Aufsehen. Unsere Freunde in Rostock unterrichteten sich mit größter Sorgfalt von allem, was über die Sache gedruckt, gesagt und gerüchtweise gemunkelt wurde. Den von der preußischen Regierung gegen Kinkel erlassenen und in den Blättern veröffentlichten Steckbrief brachten sie uns zum Tee mit, und er wurde unter großer Heiterkeit mit allerlei unehrerbietigen Randglossen vorgelesen. Von meinem Anteil an Kinkels Befreiung wussten damals die Behörden und das Publikum noch nichts. Besonderes Vergnügen machten uns die Zeitungsberichte, die Kinkels Ankunft an den verschiedensten Orten zu gleicher Zeit anzeigten. Der freisinnige Pastor Dulon in Bremen, einem richtigen Instinkt folgend, beschrieb in seinem Blatt mit großer Umständlichkeit, wann und wie Kinkel durch Bremen passiert und zu Schiff nach England gefahren sei. Einige meiner Freunde berichteten sein Eintreffen in Zürich und in Paris. Eine Zeitung brachte sogar einen ausführlichen Bricht über ein Bankett, das Kinkel von deutschen Flüchtlingen in Paris gegeben worden, und von der Rede, die er dabei gehalten habe. So blieb nichts unversucht, um die preußische Polizei zu verwirren und irrezuleiten.

Es kamen aber auch Schreckschüsse beunruhigender Art. So empfing Wiggers am 14. November einen Brief aus der Gegend von Strelitz, ohne Unterschrift und von unbekannter Hand geschrieben, der so lautete: »Beschleunigen Sie die Versendung der Ihnen anvertrauten Waren; es ist Gefahr im Verzuge.« Wahrscheinlich war von den Behörden unsere Spur zwischen Spandau und Strelitz entdeckt und von dort weiterverfolgt worden. Dann meldete sich am Freitag, dem 15. November, ein Fremder bei Wiggers, der sich für den Gutsbesitzer Hensel ausgab und fragte, ob Kinkel, den er von Spandau nach Strelitz gefahren, noch in Rostock sei. Wiggers hatte uns zwar von Hensel in Ausdrücken des höchsten Vertrauens sprechen hören, aber er besorgte, der Fremde möge nicht der richtige Hensel, sondern ein Spion sein. So stellte er sich denn erstaunt über die Voraussetzung, dass Kinkel in Rostock sein würde, versprach aber,

Erkundigungen einzuziehen, und bestellte den Fremden wieder zu sich auf den nächsten Tag. Der Vorfall wurde uns sofort berichtet, und die Beschreibung des Aussehens des Mannes überzeugte uns, dass, der Fremde wirklich der brave Hensel sei. Er war, wie er Wiggers sagte, nach Rostock gekommen, nur um seine Herzensangst um unsere Sicherheit zu beschwichtigen. Kinkel und ich wünschten sehr, ihn zu sehen und dem treuen Freund noch einmal die Hand zu drücken; aber Wiggers, der durch die Warnung von Strelitz ernstlich besorgt worden war, riet dringend zur äußersten Vorsicht und versprach uns, Hensel, der bis zum 18. in Rostock bleiben wollte, unsere Grüße zu überbringen, nachdem wir die offene See erreicht haben würden.

So fanden wir trotz aller Gemütlichkeit doch nicht geringe Beruhigung in der Nachricht, dass der Nordostwind sich gelegt habe, dass die Anna bereits bei Warnemünde vor Anker liege und dass alles zu unserer Abfahrt am 17. November bereit sei. (...)

An einem frostigen Sonntagmorgen segelten wir mit unserer bewaffneten Begleitung, die unsere Freunde aus zuverlässigen Leuten zusammengesetzt und so stark gemacht hatten, dass sie, wie Wiggers sagte, einem nicht ungewöhnlich mächtigen Angriff der Polizei hätte widerstehen können, in zwei Booten über die Bucht nach dem Ankerplatz der Anna. An Bord angekommen, gab Herr Brockelmann dem Kapitän, der über den so unerwarteten zahlreichen Besuch sehr erstaunt war, seine Instruktionen. »Sie nehmen diese beiden Herren«, sagte er, auf Kinkel und mich deutend, »mit nach Newcastle. Bei Helsingör segeln Sie, ohne anzulegen, vorbei und zahlen den Sundzoll auf der Rückreise.

Bei ungünstigem Wind setzen Sie lieber das Schiff an der schwedischen Küste auf Strand, als dass Sie nach einem deutschen Hafen zurückkehren. Passt Ihnen der Wind nach einem anderen Hafen der englischen oder schottischen Ostküste besser als nach Newcastle, so segeln Sie dorthin. Es kommt nur darauf an, dass Sie möglichst schnell nach England kommen. Ich werde es Ihnen gedenken, wenn Sie meine Ordres pünktlich ausführen.« Der Kapitän – Niemann war sein Name – mag diese Instruktion mit einiger Bestürzung angehört haben, aber er versprach, sein Bestes zu tun.

Einige unserer Freunde blieben bei uns, bis der kleine Schleppdampfer, welcher der Anna vorgespannt war, uns eine kurze Strecke in die offene See hinausbugsiert hatte. Dann kam der Abschied. Wie Wiggers erzählt, warf sich Kinkel schluchzend an seine Brust und sagte: »Ich weiß nicht, soll ich mich freuen über meine Rettung, oder soll ich trauern, dass ich wie ein Verbrecher und Ausgestoßener mein teures Vaterland fliehen muss!« Dann stiegen unsere Freunde in den kleinen Dampfer, und dankbaren Herzens riefen wir ihnen Lebewohl zu. Zum letzten Abschied feuerten sie ein Salut mit ihren Pistolen und dampften dann nach Warnemünde zurück, wo, wie Wiggers erzählt, die ganze Gesellschaft das gelungene Rettungswerk mit einem höchst fröhlichen Mahl feierte.

Kinkel und ich blieben an der hinteren Schanzkleidung des Schiffes stehen und sahen dem Dampfer nach, der unsere guten Freunde davontrug. Dann ruhten unsere Blicke auf der heimatlichen Küste, bis der letzte Streifen davon in der Abenddämmerung verschwunden war. So nahmen wir stillen Abschied vom Vaterland.

ABSCHIED VON EUROPA[30]

Nun trat ein Ereignis ein, welches die Stimmung der Flüchtlingschaft verdüsterte und auch meinem Schicksal eine entsprechende Wendung gab. Die Berichte, die wir von unseren Freunden in Paris empfangen hatten, liefen darauf hinaus, dass Louis Napoleon, der Präsident der Französischen Republik, der allgemeinen Verachtung verfallen sei; dass er mit seiner offenbaren Ambition, das Kaisertum in Frankreich wiederherzustellen und sich auf den Thron zu schwingen, eine äußerst lächerliche Figur spiele und dass jeder gewaltsame Versuch in dieser Richtung unfehlbar seinen Sturz und die Einsetzung einer stark republikanischen Regierung zur Folge haben müsse. Der Ton der republikanischen Oppositionsblätter in Paris ließ diese Ansicht von der Lage der Dinge als nicht unbegründet erscheinen.

30 Nach der Flucht gingen Schurz und Kinkel nach London, wohin Kinkels Frau und seine vier Kinder im Januar 1851 nachkamen. Während Kinkel im Jahr darauf dort eine Professur für Literaturgeschichte annahm, zog es Schurz vor, zunächst einmal in Paris zu leben, dem Zentrum der liberalen Bewegung in Europa, wo er in Flüchtlingskreisen wegen der Befreiung Kinkels eine Art Heldenstatus genoss. Erst im Juni 1852 kehrte er auf Einladung der Familie Kinkel nach London zurück.

Plötzlich, am 2. Dezember 1851, kam die Nachricht, dass Louis Napoleon tatsächlich den vorausgeahnten Staatsstreich ins Werk gesetzt habe. Er hatte sich der Armee versichert, die Halle der Nationalversammlung mit Truppen besetzt, die Führer der Opposition und den General Changarnier, der von der Nationalversammlung mit ihrem Schutze betraut war, und mehrere andere Generäle verhaften lassen, ein Dekret veröffentlicht, durch welches er das von der Nationalversammlung beschränkte allgemeine Stimmrecht wiederherstellte, und eine Proklamation an das Volk erlassen, in der er die parlamentarischen Parteien der Selbstsucht anklagte und die Wiedereinführung des zehnjährigen Konsulats verlangte. Schlag auf Schlag kamen aufregende Depeschen. Mitglieder der Nationalversammlung in ansehnlicher Zahl fanden sich zusammen und versuchten, Widerstand zu organisieren, wurden aber von der bewaffneten Macht auseinandergetrieben. Endlich hieß es auch, das Volk beginne »in die Straßen herniederzusteigen« und Barrikaden zu bauen. Nun sollte die entscheidende Schlacht geschlagen werden.

Der Gemütszustand, in den durch diese Berichte die Flüchtlingschaft versetzt wurde, lässt sich nicht beschreiben. Wir Deutschen liefen nach den Versammlungslokalen der französischen Klubs, weil wir dort die schnellste und zuverlässigste Kunde, vielleicht auch aus Quellen, die dem allgemeinen Publikum verschlossen wären, zu erhaschen hofften. Dort fanden wir eine an Fieberwahnsinn grenzende Erregung. Man schrie, man gestikulierte, man beschimpfte Louis Napoleon, man verwünschte seine Helfershelfer, man weinte, man umarmte sich. Alle waren eines Volkssieges gewiss. Die glorreichsten Bulletins über den Fortgang des Straßenkampfs gingen von Mund zu Mund. Einige davon wurden von wildblickenden Revolutionären, die auf Tische gesprungen waren, proklamiert und mit frenetischem Beifallsgeschrei begrüßt. So ging es eine Nacht hindurch, einen Tag und wieder eine Nacht. Zu schlafen war unmöglich. Man nahm sich kaum zum Essen Zeit. Auf die Siegesberichte folgten andere, die ungünstiger klangen. Man konnte und wollte sie nicht glauben. Es waren die Depeschen des Usurpators und seiner Sklaven. Sie logen; sie konnten nicht anders als lügen. Aber immer düsterer klang die Botschaft. Die Barrikaden, die das Volk in der Nacht auf den 3. Dezember errichtet hatte, waren von der Armee ohne Mühe genommen worden. Am 4. hatte sich auf den Straßen St-Denis und St-Martin ein ernsterer Kampf entsponnen, aber auch da waren die Truppen Meister geblieben. Dann stürzte sich die Soldateska in die Häuser und mordete ohne Unterschied und Mitleid. Schließlich die Ruhe des Kirchhofs in Paris. Der Volksaufstand war unbedeutend und ohnmächtig gewesen. Der Usurpator, den man noch vor kurzem als einen schwachsinnigen Abenteurer, einen lächerlichen Affen dargestellt, hatte Paris unterjocht. Die Departements rührten sich nicht. Es war kein Zweifel mehr. Mit der Republik war's zu Ende und also auch mit der neuen Revolution, die sich auf den von Frankreich kommenden Anstoß über den ganzen Kontinent verbreiten sollte.

Wir schlichen still nach Hause, von den Schreckensnachrichten betäubt, geistig und körperlich erschöpft. Nachdem ich mich durch einen langen Schlaf von der furchtbaren Aufregung erholt, suchte ich mir über die veränderte Lage der Dinge klar zu werden. Es war ein nebliger Tag, und ich ging hinaus, da es mir unbehaglich war, still in den vier Wänden zu sitzen. In meine Gedanken vertieft, wanderte ich fort ohne eigentlichen Zielpunkt und fand mich endlich im Hydepark, wo ich mich trotz der kühlen Witterung auf eine Bank setzte. Von welcher Seite ich auch die neuesten Ereignisse und ihre natürlichen Folgen betrachten mochte, eines schien mir gewiss: Alle revolutionären Bestrebungen, die sich an die Erhebung von 1848 knüpften, waren nun hoffnungslos; eine Periode entschiedener und allgemeiner Reaktion stand uns bevor, und was es auch von weiteren Entwicklungen im freiheitlichen Sinne in der Zukunft geben mochte, das musste einen neuen Ausgangspunkt haben.

Meine eigene Lage wurde mir ebenso klar. Mich der illusorischen Hoffnung einer baldigen Rückkehr ins Vaterland noch weiter hinzugeben, wäre kindisch gewesen. Weiter zu konspirieren und dadurch noch mehr Unheil auf andere zu bringen, schien mir ein frevelhaftes Spiel. Das Flüchtlingsleben hatte ich als öde und entnervend erkannt. Ich fühlte einen ungestümen Drang in mir, nicht nur mir eine geregelte Lebenstätigkeit zu schaffen, sondern für das Wohl der Menschheit etwas Wirkliches, wahrhaft Wertvolles zu leisten. Aber wo? Das Vaterland war mir verschlossen. England war mir eine Fremde und würde es immer bleiben. Wohin dann? Nach Amerika! sagte ich zu mir selbst. Die Ideale, von denen ich geträumt und für die ich gekämpft, fände ich dort, wenn auch nicht voll verwirklicht, doch hoffnungsvoll nach ganzer Verwirklichung strebend. In diesem Streben werde ich tätig mithelfen können. Es ist eine neue Welt, eine freie Welt, eine Welt großer Ideen und Zwecke. In dieser Welt gibt's wohl für mich eine neue Heimat. Ubi libertas, ibi patria.[31] Auf der Stelle fasste ich den Entschluss. Nur noch so lange wollte ich in England bleiben, bis ich mir durch meine Unterrichtsstunden meine Barschaft ein wenig vermehrt haben würde, und dann nach Amerika!

Ich hatte schon eine gute Weile auf jener Bank im Hydepark in diese Gedanken vertieft gesessen, als ich bemerkte, dass auch am anderen Ende der Bank ein Mensch saß, der ebenso gedankenvoll vor sich auf den Boden zu stieren schien. Er war ein kleiner Mann, und als ich genauer hinblickte, glaubte ich ihn zu erkennen. Es war Louis Blanc, der französische Sozialistenführer, ehemaliges Mitglied der provisorischen Regierung von Frankreich. Ich war vor kurzem in einer Gesellschaft mit ihm bekannt geworden, und er hatte sich auf sehr liebenswürdige und geistvolle Weise mit mir unterhalten.

Da ich mit meiner Überlegung fertig war, so stand ich auf, um zu gehen, ohne ihn stören zu wollen. Aber er richtete den Kopf empor, sah mich mit übernächtigten Augen aus einem verstörten Gesicht an und sagte: »Ah, c'est vous, mon jeune ami! C'est fini, n'est ce pas? C'est fini!« Wir drückten einander die Hände, er ließ seinen Kopf wieder sinken, und ich ging meines Weges nach Hause, um meinen Eltern den auf der Bank im Hydepark gefassten Entschluss sofort brieflich mitzuteilen! Mehrere meiner Mitverbannten suchten ihn mir auszureden, indem sie noch allerlei wunderbare Dinge prophezeiten, die sich auf dem Kontinent sehr bald zutragen würden und in die wir Flüchtlinge eingreifen müssten, aber

31 Wo Freiheit ist, da ist meine Heimat.

ich hatte das Wesenlose dieser Fantasien zu gut erkannt und ließ mich nicht wankend machen.

Und nun geschah etwas, das über meine anscheinend trübe und gedrückte Lage einen heiteren und warmen Sonnenschein ergoss und meinem Leben einen ungeahnten Inhalt verlieh.

Ein paar Wochen vor dem Staatsstreich Louis Napoleons hatte ich ein Geschäft bei einem Mitverbannten auszurichten und machte diesem in seiner Wohnung in Hempstead einen Besuch. Ich erinnere mich noch sehr lebhaft, wie ich den Weg, der stellenweise zwischen Hecken und Baumreihen lief (...), in der Abenddämmerung zu Fuß zurücklegte, nicht ahnend, dass ich eine viel wichtigere Begegnung vor mir hatte als die mit irgendeinem politischen Gesinnungsgenossen. Mein Geschäft war bald abgemacht, und ich erhob mich schon, um zu gehen, als er in ein anstoßendes Zimmer hineinrief: »Margarete, komm doch einmal herein. Hier ist ein Herr, den du kennenlernen solltest. Es ist meine Schwägerin«, setzte er zu mir gewendet hinzu. »Sie ist von Hamburg hierher zu Besuch gekommen.«

Ein Mädchen von etwa achtzehn Jahren trat herein, von stattlichem Wuchs mit schwarzem Lockenkopf, kindlich schönen Zügen und großen dunklen, wahrhaftigen Augen.

Wir wurden in der Tat miteinander sehr gut bekannt – freilich nicht an jenem Tage, aber bald nachher; und am 6. Juli 1852 wurden wir in der Pfarrkirche von Marylebone in London fürs Leben vereinigt. Ich habe ausführlich aufgeschrieben, wie das alles sich zutrug. Aber dieser Teil meiner Geschichte gehört natürlich nur meinen Kindern und dem intimsten Freundeskreis.

Mitte August waren wir zur Abreise fertig. Kurz vor dem Tag des Abschiedes lud mich Mazzini noch einmal zu sich ein.

Als ich zum letzten Mal bei ihm in seinem Zimmer saß, machte er noch einen Versuch, mich in Europa zurückzuhalten. Er vertraute mir das Geheimnis einer revolutionären Unternehmung an, die er im Werk habe und die, wie er mir sagte, große Resultate versprechend zur Ausführung gekommen sein müsse, ehe ich Amerika erreicht haben würde. Es handelte sich um eine Schilderhebung in der Lombardei. Mit seiner glühenden Beredsamkeit schilderte er mir, wie die italienischen Freiheitskämpfer die Österreicher in die Alpen zurückdrängen und wie dann ähnliche Bewegungen in anderen Ländern des Kontinents sich an diesen siegreichen Aufstand anschließen würden. Dann seien es just solche jungen Männer wie ich, die zur Stelle sein müssten, um das so begonnene Werk fortführen zu helfen. »Wenn Sie gehen«, sagte er, »wie werden Sie dann wünschen, nicht gegangen zu sein! Sie werden das nächste Schiff nehmen, um nach Europa zurückzueilen. Sparen Sie doch die unnötige Spazierfahrt.« Ich musste ihm gestehen, dass meine Hoffnungen nicht so sanguinisch seien wie die seinigen; dass ich in der Lage der Dinge auf dem Kontinent keine Aussicht auf baldige Veränderung finden könne, die mich zu einer ersprießlichen Tätigkeit in mein Vaterland zurückführen werde; dass, wenn in entfernter Zukunft solche Veränderungen kämen, sie sich anders gestalten würden, als wir sie uns jetzt vorstellen möchten, und dann würde es andere Leute geben, um sie durchzuführen. So schieden wir voneinander, und ich habe ihn nicht wiedergesehen.

Einige Zeit nach meiner Ankunft in Amerika hörte ich denn auch von dem Ausbruch der von Mazzini angekündigten revolutionären Unternehmung. Sie bestand in einem Insurrektionsversuch in Mailand, den die Österreicher ohne große Mühe unterdrückten, und führte nur zur Einkerkerung einer ansehnlichen Zahl italienischer Patrioten. Und Mazzinis Sache, die Einigung Italiens unter einer freien Regierung, erschien hoffnungsloser als je. (…)

Mazzini hatte sein ganzes Leben hindurch konspiriert, gekämpft und gelitten für die Vereinigung seines Landes unter einer freien Nationalregierung. Wenige Jahre nach der Zeitperiode, von der ich spreche, kam diese nationale Einigung, zuerst teilweise befördert von dem Mann, den Mazzini am bittersten hasste, dem französischen Kaiser Louis Napoleon; und dann weitergeführt durch den wunderbaren Feldzug Garibaldis, den Mazzini selbst ursprünglich geplant haben soll und dessen Geschichte klingt wie die eines romantischen Abenteuers zur Zeit der Kreuzzüge. Aber die nationale Einigung vollzog sich unter der Ägide der Dynastie von Savoyen; und der Republikaner Mazzini starb endlich unter einem falschen Namen in einem Versteck auf italienischem Boden wie ein Verbannter in seinem eigenen Land, das seither dem Toten Denkmäler setzt. (…)

Die deutschen Revolutionäre von 1848 verfielen einem ähnlichen Schicksal. Sie kämpften für ein einiges Deutschland und freie Regierungsinstitutionen und wurden geschlagen, hauptsächlich durch preußische Waffen. Dann kamen Jahre stupider Reaktion und nationaler Erniedrigung, in denen die Ziele der Revolution von 1848 hoffnungslos untergegangen schienen. Dann, unerwartet, eine neue Ära:

Friedrich Wilhelm IV., der mehr als irgendein anderer Mann seiner Zeit den mystischen Glauben an die göttliche Erleuchtung der Könige gehegt hatte – Friedrich Wilhelm IV. wurde irrsinnig, und die Zügel der Regierung entfielen seiner Hand.

Der Prinz von Preußen, derselbe Prinz von Preußen, den die Revolutionsmänner von 1848 als den bittersten und unversöhnlichsten Feind ihrer Sache angesehen, folgte ihm, zuerst als Regent, dann als König und vom Schicksal bestimmt, der erste Kaiser des neuen deutschen Reiches zu werden. Er rief Bismarck als Premierminister an seine Seite, denselben Bismarck, der der lauteste Wortführer des Absolutismus und der feurigste Widersacher der Revolution gewesen war. Und dann wurde die deutsche Einheit mit einem Nationalparlament gewonnen, nicht durch eine revolutionäre Volkserhebung, sondern durch monarchische Aktion und eine kriegerische Politik, die anfangs von einem großen Teil des Volkes missbilligt, schließlich aber von einem mächtig auflodernden Nationalgefühl getragen und zum Sieg geführt wurde.

Es hat seitdem als eine wohlberechtigte Frage gegolten, ob dieses Auflodern des Nationalgefühls möglich geworden wäre ohne den Vorgang des großen Erweckungsjahres 1848. Das große Erweckungsjahr – dies ist der Name, den es in der Geschichte des deutschen Volkes tragen sollte.

So ist denn, wenn auch nicht alles, doch ein großer und wichtiger Teil von dem, wofür die Revolutionäre von 1848 gekämpft, in Erfüllung gegangen – freilich viel später und weniger friedlich und weniger vollständig als sie gewünscht, und durch Personen und Gewalten, die ihnen ursprünglich feindlich gewesen; aber weitere Entwicklungen versprechend, die den Idealen von 1848 viel näherkommen werden, als die jetzigen politischen Institutionen es tun.

Im Sommer 1852 jedoch lag die Zukunft Europas in düsteren Wolken vor uns. In Frankreich schien Louis Napoleon fest und sicher auf dem Nacken eines unterwürfigen Volkes zu sitzen. Die britische Regierung unter Lord Palmerston schüttelte ihm freundschaftlich die Hand. Auf dem ganzen europäischen Kontinent feierte die Reaktion gegen die liberalen Bestrebungen der letzten vier Jahre Orgien des Triumphes. Wie lange diese Reaktion unwiderstehlich sein würde, konnte niemand wissen. Dass einige ihrer Vorkämpfer in Deutschland selbst die Führer des nationalen Geistes werden könnten, würde selbst der hoffnungsseligste Sanguiniker nicht vorauszusagen gewagt haben.

Meine junge Frau und ich schifften uns im August in Portsmouth ein und landeten an einem sonnigen Septembermorgen im Hafen von New York. Mit dem heiteren Mut jugendlicher Herzen begrüßten wir die Neue Welt.

ANHANG

BIOGRAFISCHE NOTIZ

Einheit im Innern und nach Außen, Freiheit, allgemeine Wohlfahrt und eine europäische Union freier Nationen, das sind die treibenden Ideen des Demokratismus von 1848. Diese Ziele zu erreichen, das wussten die »entschiedenen« Demokraten, hängt radikal von der eigenen Haltung, vom eigenen Handeln ab. Denn Demokratie und Freiheit sind keine sich quasi evolutionär herausbildenden Selbstverständlichkeiten, sondern müssen »revolutionär« errungen werden: Freiheitliche Demokratie ist die immer wieder neu zu erstreitende, gegen Widerstände zu erkämpfende Ausnahme.

Doch an der dafür erforderlichen Kampfbereitschaft, an »Wehrhaftigkeit«, hat es der Revolution von 1848/49 entscheidend gemangelt, so das Resümee des beispielhaften Demokraten Carl Schurz, der es an Wehrbereitschaft und Widerständigkeit nie hat fehlen lassen. Umso verzweifelter schüttelte er den Kopf über die damaligen Deutschen: Warum ist der Kampf gegen die Despotie und für die Freiheit in Deutschland so zahm – obgleich die Despotie doch derart brutal vorgeht? Warum nehmen sich die Deutschen nicht das Recht, sich zu wehren gegen den Terror der Willkürherrscher sowie das Hungerleiden von Millionen?

Warum missbilligen sie die martialische Gewalt der Herrscher nicht – jeden echten Widerstand und Revolutionsversuch dagegen aber umso mehr? »Im Ganzen«, resigniert Schurz, »fanden solche Versuche im Lande bedauerlich wenig Sympathie«, galten schnell als Anarchie und Terror. Wie aber, fragt er, sollte ein demokratischer Widerstand gegen skrupellose, massiv bewaffnete Tyrannen anders vonstattengehen können als mit eigenen – massiven – Waffen?

Schurz' Position: Selbstverständlich hat man ein Recht, einen Despoten zu bekämpfen, auch – als Ultima Ratio – mit dem einzigen Mittel, das diese Wirklichkeit verändern und den Peiniger besiegen kann: mit Waffen, mit Armeen. Mit Armeen der Freiheit, die eben mächtiger sein müssen als die der Unfreiheit – ein bis heute unbequemer Gedanke, weil er dem Freiheits-, Gleichheits- und Friedensversprechen der bürgerlichen Revolution zu widersprechen scheint. Nicht so für Carl Schurz, der darin aufgrund vielfältiger eigener Erfahrungen geradezu das Fundament jedes politischen demokratischen Realismus ausmacht. Dass die Demokratie nicht nur erkämpft, sondern, sobald sie errungen ist, auch verteidigt werden muss, hat er schließlich auch im damaligen Musterland der Freiheit, in den Vereinigten Staaten von Amerika, erfahren (siehe das Vorwort von Uwe Timm), wo er, als einer der bis heute bekanntesten »Forty-Eighters«, bis zum Senator und Innenminister aufgestiegen ist.

Absehbar war das lange nicht. Am 2. März 1829 in Liblar, einem Ort in der preußischen Rheinprovinz in der Nähe von Köln, als Sohn eines Landschullehrers geboren, ist Carl Schurz schon früh mit den »typischen« Problemen seiner Zeit konfrontiert: 1836 gibt sein Vater sein Schulmeisteramt auf, weil er die sechsköpfige Familie – Carl hat drei jüngere Geschwister, einen Bruder und zwei Schwestern – damit nicht hinreichend versorgen kann, und eröffnet eine kleine Eisenwarenhandlung, wodurch die finanziellen Probleme der Familie aber keineswegs geringer werden; 1837 stirbt sein Bruder Heribert an einer Lungenentzündung. Carl muss sich nun vermehrt auch um die Familienangelegenheiten kümmern und seine Schullaufbahn – er würde einmal gern Professor für Geschichte werden – unterbrechen. Gleichwohl schafft er es im Juli 1947, als »Externer« das Abitur zu bestehen, und beginnt noch im selben Jahr ein Studium der Geschichte an der Universität Bonn.

Hier befreundet er sich mit dem radikal »Demokratiebewegten« Kunst- und Kulturhistoriker Professor Gottfried Kinkel, eine Begegnung, die seinen weiteren Lebensweg entscheidend prägen sollte (siehe Vorwort von Uwe Timm). Die Februarrevolution in Frankreich gibt schließlich den Weg vor, »Freiheit, Gleichheit und Brüderlichkeit« sind unverhandelbar. Carl Schurz schließt sich der Bonner Burschenschaft Frankonia an, wird 1848 deren Sprecher sowie am 1. Dezember 1848 Präsident des neugegründeten demokratischen Studentenvereins in Bonn – und macht sich als begabter Redner einen Namen.

Zusammen mit Kinkel nimmt Schurz im Mai 1849 an dem kühnen Versuch teil, im nahen Siegburg das Zeughaus zu stürmen, um Aufständische mit Waffen zu unterstützen. Das Unternehmen scheitert, und Schurz flieht über die Pfalz nach Baden, wo er als Adjutant von Fritz Anneke[32], den er

32 Siehe den Mathilde Anneke-Band dieser Edition.

aus Köln kannte und der die Artillerie der pfälzischen Volkswehr befehligt, an der Badischen Revolution teilnimmt.

Aber die »Armeen der Freiheit« waren eben nicht mächtiger als das preußische Militär und mussten sich geschlagen geben, viele Aufständische flohen zuletzt in die Festung Rastatt, auch Carl Schurz befand sich auf Befehl Annekes dort, und wurden von den Preußen eingeschlossen. Gottfried Kinkel war bereits zuvor bei einem Gefecht verwundet und gefangen genommen worden. Als die Festung schließlich übergeben wurde, konnte Schurz auf abenteuerliche Weise durch einen Abwasserkanal fliehen und nach Frankreich entkommen. In seinem Vorwort schildert Uwe Timm die folgende Migrationszeit, inklusiver der tollkühnen Befreiung Gottfried Kinkels aus einem Spandauer Gefängnis. Für seine Überzeugungen ging Carl Schurz – ganz im Sinne der »Wehrhaftigkeit« – jedes Risiko ein.

Aber die »Reaktion« wurde in Europa immer massiver. Auch die französische Regierung betrachtete Schurz inzwischen als »lästigen Ausländer« und wies ihn aus. Im Juni 1851 ging er daraufhin nach London, wo er – im Haus einer Hamburger Familie – seine spätere Ehefrau, die achtzehnjährige Margarethe Meyer, kennenlernte. Nach Lage der Dinge bestand auf dem Kontinent keine Aussicht auf baldige Veränderung. Also schiffte er sich im Herbst 1852 mit seiner Frau nach New York ein, dorthin, wo die Demokratie verwirklicht schien. Anders als viele andere deutsche Migranten zog sich Schurz in der »Fremde« aber keineswegs zurück, sondern sah auch hier, im »Wunschland« der Demokraten, weiterhin Handlungsbedarf, gewann zunehmend an Einfluss und drang bis in die Spitze der amerikanischen Politik vor.

Seinen erfolgreichen Weg hat Uwe Timm in aller Kürze in seinem Vorwort nachgezeichnet.

Bis zu seinem Tod am 14. Mai 1906, mit 77 Jahren, war Schurz politisch aktiv, und er blieb als Mitbegründer der Republikanischen Partei auch im Alter überaus einflussreich. Zuletzt beispielsweise wandte er sich gegen die zunehmend imperialistische Orientierung der US-amerikanischen Außenpolitik unter Präsident Theodore Roosevelt – gemäß seinem Motto: »Frieden und Versöhnung überall« – und gründete gemeinsam mit Mark Twain und William James die *American Anti-Imperialist League*. In seinem Nachruf in *Harper's Weekly* hob Mark Twain die »unbefleckte Ehrenhaftigkeit« dieses unangepassten Denkers und Handelnden hervor, der bei aller politischen Kompromissfähigkeit immer an seinen Grundüberzeugungen festhielt – und für das als richtig Erkannte auch stets zu kämpfen und ins Risiko zu gehen bereit blieb. Wehrhaft eben.

Rüdiger Dammann

EDITORISCHE NOTIZ

Die »Bibliothek der frühen deutschen Demokratinnen und Demokraten« versammelt deutsche Demokratinnen und Demokraten aus den Revolutionsjahren 1848/1849 mit einer Auswahl ihrer Texte. In diesem Zeitraum beginnt eine erste breite, eigenständige, genuin demokratische Bewegung in den 34 Staaten und 4 Freien Städten des Deutschen Bundes, ausgehend von Baden und dem gesamten Südwesten. Die hier formulierten demokratischen Ideen, Pläne und Programme zur Errichtung einer freien, demokratischen Bundesrepublik auf der Grundlage allgemeiner Wahlen, einer sozialen Marktwirtschaft, eines elaborierten Grundrechtskatalogs, der gleichermaßen für Männer und Frauen gilt, einer transparenten Gewaltenteilung – eingebunden zudem in einer Union der anderen freien europäischen Nationen – fundieren unsere heutige demokratische Gegenwart.

Da die hier vorgelegten Texte nicht Teil einer »wissenschaftlichen« Edition im strengen Sinne sind, sondern die »Bibliothek der frühen Demokratinnen und Demokraten« eine »Publikums-Edition« sein möchte, haben wir die Texte, den heutigen Lesegewohnheiten entsprechend, orthografisch und grammatisch an die gegenwärtig vertraute Rechtschreibung angepasst.

Editorische Anmerkungen werden auf ein Mindestmaß beschränkt und nur dort vorgenommen, wo eine kurze Erläuterung (zum Beispiel bei der Nennung von Namen oder Ereignissen wie auch bei der Verwendung von heute nicht mehr gebräuchlichen Redewendungen) zum Verständnis des Textes erforderlich, mindestens hilfreich ist.

QUELLEN

Die hier in Auszügen versammelten Texte stammen aus dem Buch: »Lebenserinnerungen« von Carl Schurz, erstmals veröffentlicht im Georg Reimer Verlag, Berlin 1906/07, hier zitiert nach der textgleichen Ausgabe: Carl Schurz, »Sturmjahre. Lebenserinnerungen 1929–1852«, Verlag der Nation, Berlin 1973:

Politisches Erwachen | S. 87–89
Als Student in Bonn | S. 115–128
Revolution! | S. 129–198
Entscheidungskampf | S. 199–236
Die Befreiung Kinkels | S. 269–274, S. 295–341
Abschied von Europa | S. 409–417

NAMENSREGISTER